中国特色
生涯教育研究

郭立群 赵少华 等著

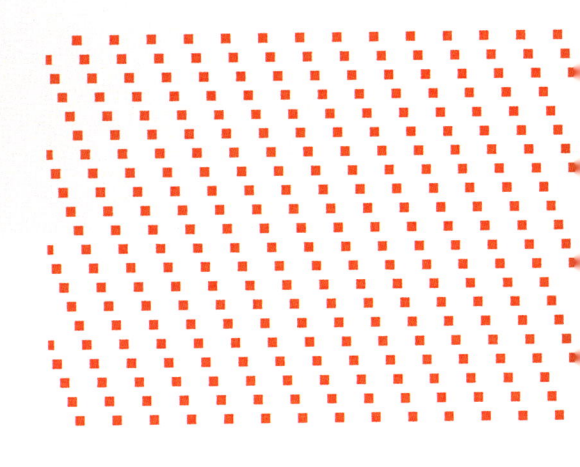

北京师范大学出版集团
北京师范大学出版社

序

就业是最基本的民生。世界各国都非常重视高校毕业生等青年的就业问题，注重发挥高校毕业生宝贵人才资源作用。进入 21 世纪以后，市场导向、政府调控、学校推荐、学生与用人单位双向选择的高校毕业生就业机制得到了确立。同时，近二十年我国高等教育快速发展，由大众化阶段全面进入普及化阶段，2022 年应届高校毕业生规模已突破千万人。在新的时代背景下，如何让千万级规模的宝贵人才资源更好实现价值，使高校毕业生在就业时能够拥有理性而平实的择业观念、充分而扎实的能力储备以及适应未来职业发展变化的综合素养，成为摆在高校教育工作者面前的一个现实课题。

生涯教育是 20 世纪六七十年代在美国发轫的全新教育哲学。生涯教育来源于职业辅导，但更加丰富完备，注重发挥个体从学业到职业发展全过程的主观能动作用。彼时美国从战后"黄金时代"经济进入缓慢发展期，人才供需结构性矛盾突出。基于经济社会发展对教育的现实需求，生涯教育在美国等西方国家迅速普及推广。经过半个世纪的发展，西方生涯教育从理论到组织实施都形成了较为完备的体系，并成为学校教育系统的重要组成部分。

生涯教育理论于 21 世纪初期传入我国。2007 年，教育部发布了《大学生职业发展与就业指导课程教学要求》，对高等教育阶段的生涯教育和就业指导工作提出了政策要求。在全国范围内，高校生涯教育类课程广泛开设，成为助力学生成长成才、实现学生全面发展的重要育人载体。2024 年，教育部举办首届全国大学生职业规划大赛，专门面向教师设立课程教学赛道，向社会集中展示了多年来高校生涯教育类课程的建设成果。

党的十八大以来，习近平总书记多次强调，构建中国特色哲学社会科学学科体系、学术体系、话语体系。高校生涯教育的理论研究也进入了一个全新的发展阶段。其中，推进高校生涯教育理论的中国化，成为不少研究人员关注的重点方向。以马克思主义的教育观为指导，紧密结合新时代中国高等教育实践和经济社会发展人才需求的实际，探索提出中国特色高校生涯教育理论，其重要性和必要性不言而喻。可以说，对中国特色高校生涯教育理论的总结和提升，不仅是推动开展高校生涯教育实践的现实需要，还是构建中国特色学科体系、学术体系、话语体系的理论需要。

我们有幸在个人职业生涯期间，从事生涯教育的实践和理论研究工作，积攒了一些体会和思考，记录下来，在全国普通高校毕业生就业创业指导委员会秘书处的指导和帮助下，编写了《中国特色生涯教育研究》一书，从中国特色生涯教育概述以及中国特色生涯教育的理论生成、发展历程、动力体系、内容与形式、目标功能体系、文化价值体系、制度运行体系和构建策略几个方面进行了阐释,希望对推动工作进一步发展,有一些微薄的贡献。

目　录

第一章　中国特色生涯教育概述　1
　　第一节　中国特色生涯教育的相关概念……………………… 1
　　第二节　中国特色生涯教育的影响因素……………………… 14
　　第三节　中国特色生涯教育的意义…………………………… 20

第二章　中国特色生涯教育的理论生成　27
　　第一节　马克思主义青年观的相关理论……………………… 27
　　第二节　中华优秀传统文化关于生涯教育的基本思想……… 42
　　第三节　西方国家关于生涯教育的相关理论………………… 45

第三章　中国特色生涯教育的发展历程　54
　　第一节　20世纪20年代到新中国成立之前——启蒙阶段
　　　　　　………………………………………………………… 54
　　第二节　新中国成立之后到党的十八大——发展阶段……… 57
　　第三节　中国特色社会主义进入新时代以来到现在——形成
　　　　　　阶段………………………………………………… 62

第四章　中国特色生涯教育的动力体系　68
　　第一节　中国特色生涯教育中的人的自我发展需要………… 68
　　第二节　中国特色生涯教育中的社会和国家需要…………… 76
　　第三节　立德树人的根本任务引领推进中国特色生涯教育
　　　　　　………………………………………………………… 79

第五章　中国特色生涯教育的内容与形式　　86
　　第一节　常规化生涯教育 …………………………………… 86
　　第二节　个性化生涯教育 …………………………………… 96
　　第三节　中国特色生涯教育的形式 ……………………… 101

第六章　中国特色生涯教育的目标功能体系　　109
　　第一节　国家发展是中国特色生涯教育的重要目标 ……… 109
　　第二节　中国特色生涯教育致力于推动社会进步 ………… 117
　　第三节　中国特色生涯教育追求个体充分发展 …………… 123

第七章　中国特色生涯教育的文化价值体系　　131
　　第一节　中华优秀传统文化孕育中国特色生涯教育的文化价值
　　　　　　……………………………………………………… 131
　　第二节　红色基因融入中国特色生涯教育的文化价值 …… 136
　　第三节　中国特色生涯教育中的新时代集体主义精神的文化
　　　　　　价值 ……………………………………………… 141
　　第四节　中国特色生涯教育中的社会主义核心价值观的文化
　　　　　　价值 ……………………………………………… 145

第八章　中国特色生涯教育的制度运行体系　　149
　　第一节　中国特色生涯教育中的党的领导 ……………… 149
　　第二节　中国特色生涯教育中的学校主导 ……………… 153
　　第三节　中国特色生涯教育中的家庭基础 ……………… 167
　　第四节　中国特色生涯教育中的社会参与 ……………… 171

第九章　中国特色生涯教育体系的构建策略　　176
　　第一节　中国特色生涯教育的价值体系 ………………… 176
　　第二节　中国特色生涯教育的支持体系 ………………… 181

第三节 中国特色生涯教育的课程与活动体系 …………… 189
第四节 中国特色生涯教育的评估与监管体系 …………… 194

后 记　　　　　　　　　　　　　　　　　　　　198

第一章　中国特色生涯教育概述

中国特色生涯教育主要以培养适应社会发展需求的人才为目标，帮助学生从小树立职业规划的理念和正向的择业价值观。中国特色生涯教育立足于中国特色社会主义进入新时代的背景，面向不同学段的学生，涵盖职业道德教育、终身学习教育、实践能力教育等多方面。此外，中国特色生涯教育有充足的后盾保障和经费支持，强调政府、学校、企业、社会的多方参与，旨在为学生提供灵活多样的就业路径，引导学生树立职业规划理念，为学生创造良好的求职环境，满足社会和经济发展的多元化人才需求。

第一节　中国特色生涯教育的相关概念

生涯教育作为帮助学生在其生涯发展中做出有意义的选择和决策的教育领域，其核心在于协助学生理解自己的兴趣、能力和价值观，从而做出更为明智的职业选择和规划。因此，首先要了解中国特色生涯教育的相关概念。

一、工作与职业

在现实生活中，人们总是要在一定的工作岗位上就业，但人们对"职业"一词存在不同的理解。那么什么是职业呢？有关职业问题的研究涉及社会学、经济学、教育学和心理学等多个学科领域。由于研究的目的不同，学者们从不同的角度对职业的含义进行了界定。

(一)工作

工作通常指的是人们为了获得收入或满足某种目标而做的一种活动。这些活动可以是物质生产，如制造产品；也可以是服务性质的，如提供医疗、教育、咨询等服务。工作通常需要一定的技能和知识，它是社会生活的重要组成部分，也是经济发展的主要驱动力。工作也是一种劳动生产过程，主要是指劳动。工作是在长时间内做着重复的一系列动作，做重复的一系列事情。人们通过工作来产生价值，通过工作换取一些物质，通过工作来寻找生活的目标。工作是人类生存必不可少的活动类型。工作对社会的意义、社会的发展进步，与每个社会组成成员的选择倾向是有密切关系的。在社会主义国家，工作是社会中每个劳动者彰显社会价值和自我价值的角色定位。

(二)职业

1. 职业概念的界定

从社会学的角度来看，职业的概念包括以下四个方面。

第一，职业是社会分工体系中的一种社会位置，这种位置是个人进入社会生活获得的一种劳动角色。

第二，职业是一种从事专门工作和活动的社会分工，或者说它是模式化的工作关系的结合。

第三，职业同权利和权益是紧密相连的。每一种职业在社会分工中都有自己的位置和作用，使别人依赖它们、需要它们，因此在一定程度上拥有垄断权。而且这一职业总是要维护这种权利，保护自身的垄断领域。

第四，职业是国家确定和认可的。任何一种职业的产生，必定为社会所承认，为国家职业管理部门所认可，并具有相应的职业标准。因此，职业的存在必须具有法律效力，被国家授权和认可。

经济学的职业概念有其特定的内涵，与社会学存在明显的不同。经济学意义上的职业同劳动的精细分工是紧密相连的。劳动者相对稳定地从事某项社会工作，并从中获取报酬，这种社会工作便是劳动者的职业。经济学的职业概念主要包括以下四个方面。

第一，职业是社会分工体系中劳动者获得的一种劳动角色。职业根源于社会分工，在整个社会生产过程中，有诸多工种和岗位，有不同的工作内容、不同的职称、不同的声誉和社会地位，还有不同的劳动规范和行为模式。因此，劳动者便有了特定的社会标记和专门的劳动角色，如农民、工人、医生、警察、教师、企业家、科学家、邮递员和乘务员等。

第二，职业是一种社会性的活动，具有社会性。职业是劳动者所进行的社会生产劳动或社会工作，均为他人所必需并为国家所认可。所以，职业是社会的职业。

第三，职业具有连续性和稳定性。劳动者连续稳定地从事某种工作，或者相对稳定地从事某种工作，这种工作才能称为劳动者的职业。如果不固定地、不经常地、不间断地从事某种工作，就无所谓职业了。

第四，职业具有经济性。劳动者从事某种职业必须从中获得经济收入。其实，劳动者就是为了不断取得这份收入，才较为长期地、固定地从事某种职业。只有有了收入，才能用收入实现和满足自身吃穿住行等一系列生活保障和需要，才能有提升自我的积极性。没有经济报酬的工作，即使劳动活动再稳定，也不是一种职业。

2. 对职业概念的其他界定

在英文里，职业一词为"vocation"，意思是"生命的呼唤"。事实上，我们每个人所选择和从事的职业，正是各自对生命的一种呼唤，也是每个人的人生价值的体现。在德语中，"职业"一词为"Beruf"，乃是"天职"之意。它意味着个人毕生应当为之不懈奋斗的目标。就这点而言，职业本身已经包含职业精神和职业道德的内容，是一种具有高尚性的事业。

综上所述，职业可定义为具备劳动能力的人，参与社会分工，利用专业的知识和技能，从事社会生产活动或服务，为社会创造物质财富及精神财富，从中获取合理报酬作为物质生活来源，并满足精神需求的一种持续性活动。

3. 职业的特点

个人在社会中一般利用专门的知识和技能，通过从事性质相近的工作来创造物质财富或精神财富。那么根据职业的定义进行分析，职业具有专业性、社会性、稳定性和规范性等特点。

(1)专业性

每一种职业都有其独特的知识体系和技能要求。从业者需要经过系统的学习和实践，掌握该职业所需的专业知识和技能，以确保能够胜任相应的工作。这种专业性是职业活动高效、准确开展的基础。

(2)社会性

职业是社会分工的产物，它反映了个人在社会中的位置和角色。每一种职业都在为社会做出贡献，无论物质生产还是服务提供。因此，职业不仅是个人的谋生手段，还是社会结构的重要组成部分。

(3)稳定性

尽管职业市场会随经济、技术和社会的变化而波动，但职业本身通常具有相对的稳定性。一旦选择了某种职业，从业者往往会在该领域深耕多年，积累经验和提升技能。这种稳定性有助于从业者建立长期的职业规划和发展路径。

(4)规范性

职业活动通常遵循一定的行业标准和操作规范，以确保工作的质量和效率。这些规范可能包括工作流程、安全标准、职业道德等。从业者需要严格遵守这些规范，以确保职业活动的有序开展。

(5)经济性

职业是个人获取经济收益的主要途径。通过从事职业活动，从业者可以获得报酬和福利待遇，以满足生活和发展的需要。同时，职业是社会经济活动的重要组成部分，推动着社会的经济发展。

（6）发展性

随着科技的不断进步和社会的快速发展，职业也在不断演变和升级。新的职业不断涌现，传统职业也在不断创新和发展。这种发展性为从业者提供了更多的机会和挑战，促使他们不断学习和进步。

（7）个体差异性

虽然每种职业都有其共同的特点和要求，但每个从业者都有其个性和能力。因此，即使在相同的职业中，不同的人也会展现出不同的工作风格和成果。这种个体差异性使职业世界更加丰富多彩。

4. 职业的类型

根据《中华人民共和国职业分类大典（2022年版）》对职业分类的论述，我国职业分为8个大类。[①] 8个大类包括如下内容。

第一大类：党的机关、国家机关、群众团体和社会组织、企事业单位负责人。

第二大类：专业技术人员。

第三大类：办事人员和有关人员。

第四大类：社会生产服务和生活服务人员。

第五大类：农、林、牧、渔业生产及辅助人员。

第六大类：生产制造及有关人员。

第七大类：军队人员。

第八大类：不便分类的其他从业人员。

---

① 参见国家职业分类大典修订工作委员会：《中华人民共和国职业分类大典（2022年版）》，北京，中国劳动社会保障出版社，中国人事出版社，2023。

5. 职业的功能

职业的功能是指职业活动与职业角色对人和社会的作用与影响，概括起来主要有以下几个方面。

(1) 职业是社会存在的内容

职业分工及其结构是社会经济制度与结构的重要组成部分，是社会经济发展水平的反映。人们通过职业劳动，创造出社会财富，为社会存在和发展提供物质基础。

(2) 职业是社会发展的动力

职业的社会活动包括个人改善职业的向上流动、与社会经济结构联系的职业结构变动、不同职业之间的矛盾冲突及解决等，这些构成了推动社会发展的动力。

(3) 职业是社会控制的手段

职业是人的重要生活方式，"安居乐业"是人们的共同愿望。政府为公众创造职业岗位及就业机会，执行促进充分就业的政策，从其社会功能角度看，是为了减少社会问题，维护社会安全稳定。

(4) 职业是人们获取利益的手段

职业作为个人获得经济收入的主要手段，成为个人生存和进行社会生活的物质基础。职业也是获得多种经济利益的重要途径，从而使个人获得心理上的满足，达到"乐业"的境地。有时非经济利益也可能转化为金钱或者其他形式的经济利益。

(5) 职业是人生的重要活动

职业是人们参与社会活动、建立社会关系、进行人生实践的重要途径。同时，人的交际活动大多也和职业生活相联系。职业生活使从业者进入一种社会情境，这种情境因职业的不同而不同。所以，职业是人们担任特定的社会角色、形成一定行为模式的条件。

二、职业生涯

"生涯"这个词语源自英文"career"，它深刻地描绘了一个人在其一生中所经历的职业或专业的选择与变迁。这个词在我们的日常生活中被频繁使用，它不仅是一个简单的名词，还蕴含每个人对自我职业发展、人生规划的深入思考和探索。

从字面上解析，"生涯"中的"生"在《现代汉语词典（第7版）》中被解释为"生存"的意思，它代表着生命的存在与持续；"涯"泛指边际，有界限、尽头的意味。将这两个字结合，"生涯"指人的一生，从出生到逝去，所有的经历、选择与发展都包含其中。但在西方文化中，"career"一词的本义与我们的理解有所不同。它最初指代的是两轮马车，象征着一种交通工具，承载着人们从一个地方到另一个地方的旅程。随着时间的流逝，这个词的含义逐渐被扩展，引申为人生的发展道路。就像马车行驶的路线一样，每个人都在自己的生涯道路上不断前行。

另外，"career"还可以指人或事物所经历的成长途径。这不仅包括职业的选择与发展，还包括个人的成长、学习、经验积累等各个方面。它描绘了一个人从幼年到老年，从无知到有知，从幼稚到成熟的整个历程。更值得一提的是，"career"还隐含着人一生中所扮演的系列角色。每个人在生活中都扮演着多重角色，如子女、父母、伴侣、同事、朋友等。这些角色随着时间和情境的变化而不断变化，共同构成了每个人独特而丰富多彩的生涯。

"生涯"是一个富有深度和广度的词语，它不仅关乎职业的选择与发展，还涵盖人的一生中所经历的所有阶段、角色和成长。无论在东方文化还是在西方文化中，"生涯"都承载了人们对生命旅程的无限遐想与追求。

对职业生涯一词，不同的学者也有不同的见解，并且职业生涯已经经历很长的研究历程。职业生涯又称职业计划、职业发展。对其研究始于20世纪60年代，20世纪90年代中期从欧美国家传入我国。目前，对职业生涯的含义还没有统一的认识，不同国家的学者从不同的角度对职业生涯的内涵有不同的界定。美国的权威词典将职业生涯定义为连续性的分阶段分等级的职业经历。美国学者罗思韦尔和思莱德将职业生涯界定为人的一生中与工作相关的活动、行为、态度、价值观、愿望的有机整体。我国学者吴国存将职业生涯分为狭义的职业生涯和广义的职业生涯两类。前者是指一个人从职业学习伊始至职业活动最后结束，这整个人生的职业工作经历；后者是指职业能力的获得、职业兴趣的培养、选择职业、就职，直到最后完全退出职业活动这样一个完整的职业发展过程。[①]

目前，较为通行的说法是美国生涯理论专家舒伯的观点：职业生涯是统合了个人一生中各种职业和生涯的角色，由此表现为个人独特的自我发展形态；它也是个人自青春期至退休期所有有报酬和无报酬职位的综合，除职位之外还包括与工作有关的各种角色。

---

① 吴国存：《企业职业管理与雇员发展》，72~78页，北京，经济管理出版社，1999。

综合不同学者对职业生涯的不同认识可以看出，传统的职业生涯的基本含义有以下内容。

第一，职业生涯是一个个体的概念，是指个体的行为经历。

第二，职业生涯是一个职业的概念，是指个体一生之中的职业经历或历程。

第三，职业生涯是一个时间的概念，即个体的年龄或生命的时程。

第四，职业生涯是一个发展和动态的概念，即个体一生所扮演的各种不同的角色。

职业生涯规划是人生重要的规划，是一个人对其一生中所承担职务的相继历程的预期和计划。这个计划包括一个人的学习与成长目标及对一种职业和组织的生产性贡献和成就期望。职业生涯规划不仅是单一的职业目标的确立和单一的生活事件规划，还是面临一系列认知活动与行动，对生涯角色、生活目标的选择与建立的历程。

简单来说，职业生涯规划就是我们打算选择什么样的行业、什么样的职业、什么样的组织，想达到什么样的成就，想过一种什么样的生活，以及如何通过学习与工作达到目标。具体来讲，职业生涯规划是以心理开发、生理开发、智力开发、技能开发、伦理开发等人的潜能开发为基础，以工作内容的确定和变化，工作业绩的评价，工资待遇、职称、职务的变动为标志，以满足需求为目标的工作经历和内心体验的经历。

职业生涯又可以分为内职业生涯和外职业生涯。内职业生涯是指从事职业时所具备的知识、观念、心理素质、能力、内心感受等因素的组合及其变化过程。外职业生涯是指从事职业时的工作单位、工作地点、工作内容、工作职务、工作环境、工资待遇等因素的组合及其变化过程。

三、生涯教育

生涯教育可分为广义与狭义两种。

狭义的生涯教育指的是个人对工作和职业的阶段性选择，以及接受到的与职业相关的教育和培训，也就是有目的、有规划、有组织地培养个体规划自我职业生涯的意识与技能，发展个体的综合职业能力，促进个体职业生涯发展的活动，是以引导个体进行并落实职业生涯规划为主线的综合性教育活动。比如，儿童接受的职业体验，青少年的选科和择校，毕业生的实习、就业、继续教育，以及再创业、再就业等，都属于此类生涯教育。

现在职业的概念越来越宽泛，职场与生活、不同职场身份的边际越来越模糊，即角色之间的交织更加复杂。这就需要考虑广义的生涯教育，即以个体的终身生涯发展为目标，参照性格、价值观、成长环境、发展需求、经济社会变化等因素，从幼儿园到成年逐步实施引导，让个体形成带有自身性格特征的正向职业观，建立不同角色之间的平衡原则，形成自身独特的生活形态。

四、中国特色生涯教育

(一)主要特点

中国特色生涯教育是中国在教育领域的一项重要政策和改革措施，旨在为学生提供全面、个性化的职业规划和发展指导，帮助他们更好地适应社会和职业发展需求。这种教育的主要特点包括如下方面。

1. 强调个性化

中国特色生涯教育充分尊重学生的个性化需求。它利用职业兴趣测试、职业规划辅导等方式，帮助学生找到自己的职业兴趣和发展方向。同时，它提供多样化的课程和活动，让学生根据自己的兴趣和特长进行选择，实现个性化发展。

2. 注重职业规划和指导

中国特色生涯教育致力于为学生提供全面的职业规划和职业发展指导，包括提供职业选择、职业技能培养、就业前景等方面的信息和辅导。

3. 注重教育与产业对接

中国特色生涯教育鼓励学校与产业界进行密切合作，了解市场需求和行业动态，为学生提供贴近实际就业的职业培训和实习机会。

4. 强调全程跟踪服务

中国特色生涯教育追求对学生的全程跟踪服务，即从学生入学开始到毕业后的就业指导和职业发展支持，确保学生在职业生涯中得到持续的帮助和关怀。

5. 强调综合素质培养

中国特色生涯教育不仅关注学生的专业知识和技能，还重视学生综合素质的培养，如沟通能力、团队合作能力、创新意识等，以适应现代职业发展的要求。

通过推行中国特色生涯教育，中国的教育体系将更加注重学生个体的发展和就业能力的提升，为学生的职业发展奠定坚实的基础。

(二)融合的中国特色

中国特色生涯教育是中国特色与生涯教育相结合的教育体系,现在我们具体来分析中国特色生涯教育应当融合的中国特色。

1. *融入中国传统文化价值观*

中国的传统文化是生涯教育中不可忽视的宝贵资源。在教育过程中,可以融入儒家思想中的"仁爱""诚信"等观念,引导学生形成正确的职业道德观。同时,借鉴道家"无为而治"的智慧,培养学生对待职业生涯的平和心态和顺应自然的发展观。

2. *结合中国经济发展趋势*

中国经济正处于转型升级的关键阶段,生涯教育应紧密结合这一趋势。例如,可以重点介绍新兴产业(新能源、人工智能、生物技术等)领域的职业发展前景,引导学生关注国家发展大局,将个人职业规划与国家需求相结合。

3. *强调实践与创新能力*

中国特色生涯教育应注重学生实践能力和创新精神的培养。可以通过校企合作、开设实训课程等方式,让学生在实际工作环境中提升技能、提高解决问题的能力。同时,鼓励学生参与科研项目、参加创新创业等活动,培养其创新意识和实践能力。

4. *加强德育*

德育是中国教育的重要组成部分,也是生涯教育中不可或缺的一环。生涯教育应注重培养学生的职业道德、职业操守和团队协作精神。利用案例分析、角色扮演等方式，让学生理解并践行职业道德规范，形成良好的职业素养。

第二节　中国特色生涯教育的影响因素

中国特色生涯教育致力于让每一名学生都能根据自身特点选择合适的职业。我们看到社会上不同的人可能有着不同的职业历程，有的人从事这种职业，有的人从事那种职业；有的人频繁变换多种职业，有的人终身固定在一个岗位上；有的人在岗位上做得很出色，有的人则无法施展自身的才华。这是因为影响职业发展的因素是多方面的，有自身因素、家庭因素、社会因素，也有学校因素等。在不同因素的影响下人们会做出不同的职业判断和职业选择。

一、自身因素

（一）健康因素

"身体是革命的本钱"，没有好的身体素质，便无法开展其他活动，甚至是正常生活。健康的身体是职业生涯成功的首要条件，相应的体质与健康水平是从事某种职业的必备条件。体质包括身体形态及其发育水平、生理机制、运动能力、适应能力、感知能力等；健康指身体健康、心理健康和具有良好的社会适应能力，它受遗传、营养、医疗保健与心理等因素的影响。需要注意的是，体质与健康有时会限制个体进行职业选择或职业流动。比如，飞行员职业对从业者的身体素质有极高的要求。

（二）性别因素

从原始社会开始，男女便已经出现劳动上的不同分工。

随着科学技术的发展和社会的进步，人类由工业社会进入信息社会。生产方式的改变使男女在职业分工上的差距逐步缩小，职业的性别色彩逐渐淡化，但是男女的生理特征和气质、社会对男女社会角色的期望等方面都存在差异。这些差异使他们在职业选择和职业发展上存在一定的不同，职业分工依然存在。在职业选择和职业发展中，要充分考虑到职业对性别的要求，选择从事那些能胜任且能发挥自己特长的职业。

(三) 受教育程度和水平

一个人的受教育程度和水平直接影响其职业规划的质量以及未来职业选择的方向和成功率。受教育程度与职业发展有密切关系。这是因为它对劳动者的知识结构、职业能力和职业价值观等均会产生重要的影响。实践表明，缺乏文化科技素质的劳动者在生产过程中是很难发挥作用的。受教育程度虽然是事业成功不可缺少的因素，但不是唯一因素。因此，用人单位不仅要看应聘者的教育经历，还要看其能力和综合素质，以及人员的学历条件与岗位的匹配程度。

(四) 心理状况

心理是影响职业发展的重要因素。心理状况主要包括性格、气质、价值观、态度以及是否喜欢与他人打交道、与他人合作等。不同气质、性格、能力的人适合从事的工作类型也不同。比如，胆汁质和多血质的人较适合做管理、记者、外交等工作，不适合做过细的、单调的、机械性的工作；黏液质的人适合从事机关、写作、文员等需要耐心和细心这两种特质的工作。如果做与自己个性特征不吻合的工作，个体容易觉得自己的活力被束缚，从而不能很好地将能力发挥出来。

(五)年龄因素

年龄与职业发展关系密切，不同年龄的人群对职业的敏感度和学习能力也会不同。

中国的法定工作年龄最低是16岁，各类招聘中经常会出现关于年龄的要求。比如，在招聘营销代表、技术专员时，年龄往往要求在30岁以下；高校招聘教师往往要求35岁以下；一些服务行业的工作往往需要18岁以上即可担任。年龄之所以会成为影响职业发展的因素，是因为不同年龄段的人在生理、心理、工作状态、价值观念、适应变化的速度、思维模式、固有习惯、学习能力、生活压力、经验能力等诸多方面存在很大差异。职业机会随着年龄的增长呈减少趋势，年龄的优势只体现在某个特定阶段。所以，我们应正视年龄因素对职业发展的影响，把握最佳年龄阶段发展自己的职业。

二、学校因素

(一)课程因素

职业规划课程可以帮助学生了解自己的兴趣和天赋，从而选择适合自己的职业道路。对于学生来说，如果没有明确的职业方向，就会造成迷茫和困惑。职业规划课程提供了了解不同职业的机会，使学生能够根据自己的兴趣和能力做出更明智的选择。这些课程可以提供实际的技能和知识培训，以便学生进入职场。例如，简历编写、面试技巧等的教学可以使学生在求职过程中更有竞争力。此外，一些课程可能包括实习机会,让学生能够在实际工作环境中学习和成长。职业规划课程还能培养学生的职业素养和责任感。通过接受职业道德、团队合作等方面的教育,学生可以更好地理解职场规则和期望,为未来职业生涯规划做好准备。

(二)教师因素

教师对学生的职业生涯规划和就业观念具有直接和深远的影响。教师通过教学和日常互动,可以传播强调职业道德、责任感、团队合作等的价值观,影响学生对工作的态度和职业选择。通过与学生分享不同职业领域的信息和前景,教师可以帮助学生了解各种职业选择的优缺点,从而影响他们的就业方向选择。教师通过专门的课程和指导,如简历编写、面试技巧等,可以培养学生的职业技能,增强其在就业市场的竞争力。教师自身的职业态度和行为可以作为学生的榜样。正直、敬业、创新等特质都可以通过教师的示范深入学生的内心。教师还可以通过一对一辅导、职业生涯规划等方式,为学生提供心理支持,协助他们树立正确的职业目标和期望。通过课堂讨论,教师可以培养学生的创新思维和批判性思维,从而帮助他们在未来职场中取得成功。教师通过多方面的教育和引导,可以深刻地影响学生的就业观念,为他们的职业生涯发展奠定基础。这不仅可以帮助学生了解自己和外部世界,还能培养他们的具体技能和价值观,使他们更加适应未来的工作环境。

三、社会因素

(一)政治经济因素

政治制度和氛围对个体的职业发展具有重要影响。一方面，对某种职业的利好政策会引导个体选择从事该种职业，也会对个体职业发展产生推动作用；另一方面，政治制度和氛围会影响经济体制、企业的组织体制，从而对企业中个体的职业发展产生间接影响。社会对就业、失业等的保障措施是否得当也会影响个体的就业观念和积极性。同时，个体所处地区的经济发展水平会对其职业发展产生无形的影响。通常来说，在经济发展水平较高的地区，企事业单位相对集中，优秀企业较多，职位的选择可以满足人们的需求，个人职业选择的机会也较多，因而有利于个人的职业发展。在经济较落后的地区，个人的职业发展就会受到一定的限制。但是，任何事情都不是绝对的。

(二)文化价值因素

社会文化环境包括教育条件和水平、社会文化设施、社会文化氛围等。在好的社会文化环境下，个体可以受到良好的教育，从而为以后的职业发展打下良好的基础；反之，文化环境中缺少积极向上的价值观和文化内涵，则可能会给个体的职业发展造成障碍。任何人都无法摆脱社会价值观念的影响，大多数人的价值取向都会受社会主体价值观念的影响。一个人思想发展、成熟的过程就是认可、接受社会主体价值观念的过程。社会主体价值观念一旦形成，会直接决定人们对某种职业的认识、接受和认可程度。人们倾向于选择从事社会认可度高的职业，也会对其发展给予更多的关注和支持，从而影响某种职业的发展趋向。对于大多数人而言，思想的发展、成熟是在职业发展的过程中完成的。所以，社会价值观念必然会对个体的职业发展产生影响。

四、家庭因素

(一)家庭教育方式

家庭教育方式在很大程度上影响着学生的就业观念。家庭是学生最早接触的社会单位,父母通过言行传递给学生关于工作的态度和价值观。例如,家庭是否强调责任感、创新精神、努力工作等,都会在学生的成长过程中深刻影响他们的就业观念。父母在自己的职业选择和发展过程中会成为学生的模范。他们的职业选择是否有着良好规划、是否追求稳定或发展性的职业,都会影响学生对职业的看法。家庭对学生的教育方式也会影响其自主性和创新能力的培养。如果父母鼓励学生在学习中追求兴趣,培养学生解决问题的能力,学生更有可能形成积极的就业观念,愿意寻找适合自己兴趣和能力的职业。家庭教育中是否鼓励学生面对挑战和风险,决定了他们对职业发展中的不确定性和挑战的应对能力。鼓励学生从失败中学习、尝试新事物,有助于培养其积极的职业态度。家庭对于人际关系和社交网络的构建也会影响学生的就业观念。有些家庭注重建立广泛的社交网络,可以为学生提供更多的就业机会和资源。

(二)家庭经济状况

家庭经济状况确实会对学生的职业选择产生影响。家庭经济状况可能会限制学生在职业选择上的范围。有些职业需要较高的教育投资和培训成本。如果家庭经济条件不允许,学生可能会被迫在选择职业时做出妥协。家庭的经济状况会影响学生对职业的风险承受能力。如果家庭经济困难,学生可能更倾向于选择稳定的职业,以确保收入和生活质量。家庭经济状况会影响学生接受教育的机会和水平。较为富裕的家庭通常能够为学生提供更好的教育资源，这可能会使学生更有机会进入一些高薪职业领域。家庭经济状况也会影响学生的社会网络。家庭经济状况可能影响学生职业道德观和价值观的发展。一些家庭可能更注重金钱和物质，导致学生更倾向于选择高薪职业，而忽视其他非经济方面的价值。家庭经济状况也可能影响学生的劳动观念和态度。如果学生从小看到家庭成员在艰苦的环境下工作，可能会培养出更加努力和勤奋的工作态度。

第三节　中国特色生涯教育的意义

党的二十大报告指出，办好人民满意的教育；全面贯彻党的教育方针，落实立德树人根本任务，培养德智体美劳全面发展的社会主义建设者和接班人；加快建设高质量教育体系，发展素质教育，促进教育公平。随着我国经济进入了高质量发展新阶段，就业岗位的数量和种类也在不断提升和拓展，但人力资源供给与岗位需求之间不匹配依然是当前就业需要迫切解决的问题。一边是职业技能人才缺乏，技能培训不足；另一边是家长、学生对职业认识不足，找不到适合的发展方向。建立中国特色生涯教育体系，从青少年时期就开始整体提升学生对职业的了解和职业选择的敏锐度，使学生更能快速地适应未来社会变化。在后续人生道路上，他们也能依据经验及时修正、调整规划，尽量做到"人岗匹配"，进而提升我国的就业水准和社会发展水平。

一、中国特色生涯教育可以帮助学生明确职业目标

生涯教育可以通过多种方式，帮助学生更早地明确自己的职业目标和兴趣。通过分析职业信息、接受性格测评等，学生可以找到自己适合的工作方向，能有针对性地选择适合自己的职业道路。生涯教育可以帮助学生提前建立职业意识，使他们认识到未来的职业选择将会对他们的人生产生深远的影响，有助于引导他们有目标地努力学习和发展。生涯教育可以向学生提供关于各种职业的信息，包括工作内容、薪资水平、发展前景等，可以帮助学生准确了解不同职业的特点，从而更好地做出选择。生涯教育可以通过性格测评和兴趣探索，帮助学生了解自己的性格特点和兴趣爱好，将个人的性格和兴趣与不同职业进行匹配，有助于学生找到适合自己的职业方向。不少学生在选择职业时会感到迷茫和焦虑，这时生涯教育可以提供指导和支持，帮助学生应对这些困惑，让他们更加自信地面对未来。通过帮助学生明确职业目标，生涯教育还可以促使他们进行长期的职业规划。学生可以考虑自己在不同阶段想要达到的职业目标，从而制订更有远见的职业发展计划。当学生明确自己的职业目标时，他们更有可能投入更多的精力和努力来实现这些目标。明确的职业目标可以成为他们前进的动力。如果学生在开始阶段就明确了自己的职业目标，他们在职业发展过程中的调整和转变成本会变低，可以有针对性地获取相关的教育和经验，以适应所选择的职业方向。总体来说，帮助学生明确职业目标是生涯教育的关键任务之一。利用提供信息、支持和指导，可以帮助学生更

好地了解自己，选择适合自己的职业道路，并在未来的职业发展中获得成功。

二、中国特色生涯教育可以培养学生的就业准备技能

培养学生的就业准备技能是生涯教育的重要目标之一，它在帮助学生进入职场并在职场中获得成功方面扮演着关键角色。生涯教育可以培养学生在求职过程中所需的简历撰写技能、面试技巧、沟通能力等，在学生进入职场时发挥关键作用。生涯教育可以教学生学会撰写令人印象深刻的简历和求职信。这些文件是与雇主沟通的第一步，良好的撰写能力可以提高学生在求职过程中的竞争力。生涯教育可以提供面试技巧的培训，帮助学生在面试中展示自己的优势和能力。从准备面试问题到表现出自信感，这些技巧对于成功通过面试至关重要。生涯教育可以培养学生在职场中的沟通能力和帮助学生掌握人际关系技巧。良好的沟通和合作能力有助于个体在团队中更好地工作，与同事和上级保持良好的关系。生涯教育强调职业素养和职业道德的培养，包括诚信、责任感、工作态度等。这些品质在职场中可以帮助学生获得成功。生涯教育强调持续学习和适应能力的重要性。因此学生需要不断更新自己的技能和知识，以适应快速变化的职业环境。生涯教育也可以培养学生的时间管理和问题解决能力，有助于日后参加工作提高工作效率和解决难题。随着经济全球化的发展，跨文化和多元化意识变得越发重要。生涯教育可以帮助学生适应具有不同文化背景的工作环境，增强跨文化交流能力，并教导学生如何有效地展示自己，建立个人品牌。这包括在

社交媒体上的表现、个人形象管理等，可以提高他们在职场中的影响力。

三、中国特色生涯教育可以拓宽学生的职业视野

拓宽学生的职业视野是生涯教育的重要目标，它有助于学生更全面地了解不同的职业选择和发展机会，从而避免因为信息不足而做出不明智的选择。生涯教育可以向学生介绍各种不同的职业领域。从传统的医生、律师到新兴的科技、创意行业等，有助于学生认识到职业世界的多样性和丰富性。除了不同的职业领域，还存在不同的职业路径。生涯教育可以向学生展示不同的职业发展道路，如从基层工作逐步晋升、自主创业、跨行业转型等；也可以展示不同职业的工作环境，如办公室、实验室、户外等，让学生了解不同工作环境的特点，帮助他们更好地适应。生涯教育可以提供有关不同行业前景的信息，帮助学生了解各个行业的就业趋势、发展前景和可能面临的挑战。有些行业可能并不为大众所熟知，但可能有丰富的发展机会。生涯教育可以帮助学生发现这些潜在的职业领域。另外，学生也有可能在国外寻找就业机会。生涯教育可以帮助学生了解不同国家的就业市场，拓宽他们的就业视野，使他们能够将不同领域的知识和技能结合起来，更有创造性地解决问题，做出更明智的职业决策，进而更好地规划和追求职业目标。

四、中国特色生涯教育可以提高学生的就业竞争力

通过接受生涯教育，学生可以获得更多的职业知识和

技能，从而在竞争激烈的就业市场中脱颖而出。生涯教育可以给学生提供所需的职业技能培训，如沟通能力、领导力、团队合作培训等，使他们具备在特定领域中表现出色的能力。这些技能可以增加学生在就业市场中的吸引力。通过提供实习和项目经验，生涯教育可以让学生在真实的工作环境中积累宝贵的经验，增加他们在就业市场中的竞争力。生涯教育可以培养学生适应快速变化的能力，使他们能够在技术和市场变革中保持竞争力，并且可以帮助学生在求职过程中更具前瞻性，向雇主展示他们的行业洞察力。生涯教育通过拓展学生的经验，可以为他们增加多元化的竞争优势，培养他们跨学科的思维和能力，提高他们在多领域中的竞争力。

五、中国特色生涯教育可以培养学生的职业素养

生涯教育有助于培养学生的职业素养，包括职业道德、责任感、团队合作精神等。这些素养在职场中同样重要。培养职业素养强调在职场中的道德和诚信。学生需要明确职业的伦理标准，并在工作中遵循这些标准，树立起可信赖和值得尊重的形象。培养职业素养也包括培养学生对工作的责任感和专业态度。他们应该积极投入，保持高质量的工作表现，从而为自己和雇主创造价值。在职场中，与他人合作和有效沟通是至关重要的。生涯教育旨在帮助学生形成职业素养，使其具备良好的团队合作精神和沟通能力。生涯教育也涵盖了培养解决问题和做出决策的能力。学生需要学会分析情况、找出解决方案，并在不确定的情况下做出明智的决策。培养职业素养还强调适应快速变化

的职业环境。学生需要具备适应力和灵活性,以应对新的机遇和挑战,也需要明确职业目标和规划。在生涯教育中,学生能够制订可行的职业发展计划,并在工作中持续追求自己的目标,具备持续学习的意识,不断更新自己的知识和技能。同时学生能够不断反思自己的表现,从经验中吸取教训,持续成长和进步。总之,培养学生的职业素养,可以让学生更好地适应职业环境,在进入职场环境后与同事和雇主建立良好的关系,实现自己的职业目标并获得成功。这种素养不仅在职场中有益,也对个人的全面发展和社会责任感产生积极影响。

六、中国特色生涯教育可以建构学生的职业规划体系

通过接受生涯教育,学生可以进行系统和深入的职业规划,在不同阶段确定和实施职业目标,做出明智的职业决策。职业规划可以帮助学生明确自己的职业目标,确定他们想要追求的职业方向和愿望,有助于他们有目标地学习和发展。职业规划教育可以帮助学生了解不同的职业路径,并根据自己的兴趣、能力和目标做出明智的选择,有助于学生避免误入不适合的职业领域。生涯教育涉及制订长期和短期的职业发展计划。学生可以考虑未来几年的职业目标,同时为自己制订近期的学习和就业计划。生涯教育鼓励学生评估自己的优势和弱点,有助于他们更好地了解自己在职业发展中的优势和改进的方向。在职业规划过程中,学生可以获得专业的职业咨询和指导。专家可以根据学生的情况提供有针对性的建议,帮助他们做出更好的职业决策。生涯教育不仅要关注学生的当前目标,也要考

虑未来可能的变化。这使学生能够更好地应对职业市场的变化和个人的发展需求。生涯教育鼓励学生进行反思，评估他们的职业决策是否对自己产生了积极影响。如果有需要，他们可以调整自己的计划以适应新的情况。通过有计划的职业规划，学生可以更好地实现自己的职业目标，更好地了解自己的优势和兴趣，从而减少职业错配的可能性；可以更好地实现自我价值，即在职业中追求自己的兴趣，从而获得更大的成就感，提高职业满意度和幸福感。总体来说，中国特色生涯教育有助于学生的职业选择、就业准备和职业发展，在充分考虑时代背景和学生身心情况的基础上提供学生所需的知识、技能和保障等支持，使他们能够更好地迎接未来人生道路上的职业挑战。

第二章　中国特色生涯教育的理论生成

中国特色生涯教育有着深厚和丰富的理论渊源，根植于中国特有的教育理念和教育模式，也是经过借鉴、吸收、汲取、创新后的理论成果。对中国特色生涯教育进行研究，必须以马克思主义关于生涯教育的相关理论为基础，挖掘中华优秀传统文化中的生涯教育思想，并吸收借鉴西方职业生涯规划的理论成果和实践经验。

第一节　马克思主义青年观的相关理论

生涯教育的主体是青年，因此马克思主义青年观对生涯教育起到了启发作用。马克思主义青年观是从马克思主义基本原理出发，对青年的地位、作用和价值进行的系统阐述。马克思青年时期就对人生有着清晰的见解和规划。马克思主张教育应服务于人的全面发展，强调教育与生产劳动相结合，提倡实用和职业技能教育。此理论强调劳动者应享有平等的受教育机会，培养人们的批判性思维、创造性和社会责任感，为社会主义建设服务。恩格斯、列宁等马克思主义者对青年发展也提出了一系列的重要论述。

中国共产党人在吸收借鉴马克思主义经典作家青年理论的基础上在不同时期也对青年的成长与成才提出了一系列的原创性见解,为中国特色生涯教育奠定了坚实的理论基础。

一、马克思主义青年观

(一)马克思主义经典作家的青年观

1. 马克思的青年观

马克思生活在一个资本主义生产方式已经确立,阶级关系矛盾尖锐对立的时代。青年时期的马克思看到资本家对劳动人民的压榨日益严重,异化劳动使众多青年走上了畸形发展的道路。他们没有任何接受教育的机会,被资本家压迫欺凌,无法实现自身的自由全面的发展。在这种恶劣的生产环境和不平等的资本主义生产关系下,青年时期的马克思开始对改变对立的阶级关系、建立平等社会的愿望产生思考。

马克思对青年思考的萌芽体现在其中学考试德语论文《青年在选择职业时的考虑》中。这时候的马克思也是一位青年,对社会的思考和观察还未形成系统,但是他对自身和跟他相同时代的青年如何选择职业、如何成就理想的问题已经展开思考。并且他把青年的职业选择建立在未来社会和自身生活态度的基础上进行考虑。在文中他提到,在选择职业时应该遵循两个指针:人类的幸福和我们自身的完美。他认为这两者之间是统一的而不应是对立的。人们只有为同时代人的完美、为他们的幸福而工作,才能使自己过得完美。为人类服务,是青年时期的马克思的崇高理想,也是他认为的青年的使命与担当。马克思认为如果我们选择的职业是对人类有益的,是能为人类带来幸福的,即使任何困难也无法将我们压倒。[①] 虽然青年时期的马克思对青年的属性和特点没有完全把握,但是已经可以反映出他迫切想改变社会的价值理想。

在马克思和恩格斯合著的重要著作《德意志意识形态》中,他们表示要在充分考虑社会历史条件下对青年进行分析,指出人创造环境,同样,环境也创造人。[②] 这时期的马克思注重青年的实践性,强调唯物主义对人的塑造,极大地批判了唯心主义,认为青年必须通过推翻现存的阶级压迫与不合理的制度来实现自身发展。在后来的《资本论》《共产党宣言》这两部著作中,他都表达了对无产阶级解放与资产阶级灭亡的期盼,希望无产阶级能集合起来通过革命去推翻压迫在身上的枷锁,以工农为基础的无产阶级只有用暴力彻底推翻资产阶级极端、腐朽、没落的统治,才能够实现真正的自由。

在漫长的岁月斗争中,马克思始终坚贞不渝地忠实于少年时所立下的志向——为人类自由解放而努力。马克思在社会动荡之中看到了青年与政治不可分割的依存关系,看到了作为无产阶级青年的作用。"人类的未来,完全取决于新一代工人的成长。"[③] 作为社会变革中的主力军,马克思始终坚信青年一代对社会主义、对共产主义的推动作用不可小觑。如果对青年进行思想与实践教育,使青年能担负起社会之责,便会形成摧毁阶级对立、变革生产关系中摧

---

① 《马克思恩格斯全集》第一卷,459页,北京,人民出版社,1995。
② 《马克思恩格斯文集》第一卷,545页,北京,人民出版社,2009。
③ 《马克思恩格斯全集》第二十一卷,270页,北京,人民出版社,2003。

枯拉朽的力量。

2. 恩格斯的青年观

恩格斯出生于一个富裕的资产阶级家庭，父亲是工厂厂主，他却没有按照上天赋予他的优越轨迹去生活，反而在工厂看到工人悲惨的境地后，开始为在自己阶级对立面的无产阶级谋求公平正义。恩格斯青年观的萌芽体现在他所写的《英国工人阶级状况》中。这本书是恩格斯在英国各大工厂、下层人民生活的环境里深入调查后完成的。他在这期间与青年工人一起劳动，与他们谈论生活感悟，体验他们的生活，了解他们的思想，并记录所体验到的苦楚与稀有的快乐。实践使他在这部著作中对工人的生存状况进行了详细的描写，将自己对青年工人各方面的社会考察全部真实地记录其中，同时记录了资产阶级的残酷与压榨。恩格斯最初写这本书时只是一位青年，因此这本书无论在优点方面或缺点方面都带有他青年时代的痕迹。这时的恩格斯虽然年轻，但能敏锐地察觉青年的生存现状，时刻关注资本主义条件下青年所承受的压迫，进而表达出关于青年未来的一些想法。

在去世前的几年，恩格斯撰写了《致国际社会主义者大学生代表大会》。他谈到青年队伍中应该有专注于脑力劳动的无产阶级，并指出要将青年无产阶级打造成社会中最革命的力量，为人类社会发展发挥革命性、积极性的作用。[1]青年还应该与以体力劳动为主要谋生手段的无产阶级联合起来，为所追求的理想生活并肩作战。

---

[1] 《马克思恩格斯选集》第四卷，435页，北京，人民出版社，1995。

3. 列宁的青年观

列宁是俄国革命的领导者、苏联的缔造者、马克思主义的继承者和发展者。他的一生是为了实现无产阶级的解放和社会主义的建设而奋斗的。他的思想和行动对世界历史产生了深远的影响。列宁一生都是一个勤奋好学的人，他不仅熟读马克思、恩格斯等的经典著作，也关注当时的社会问题和国际形势。他不断地吸收新知识，创造新思想，使自己成为马克思主义理论的杰出代表。

列宁非常重视青年在社会发展和革命斗争中的作用，他指出："青年们只有把自己的训练、培养和教育中的每一步骤同无产者和劳动者不断进行的反对剥削者的旧社会的斗争联系起来，才能学习共产主义。"[①]他认为青年是推动社会前进的生力军和主力军，是各种政治势力竞相争夺的新生力量。在俄国十月革命中，青年发挥了极其重要的作用。因此列宁强调未来属于青年，俄国革命斗争的胜利将取决于青年一代。这一观点体现了列宁对青年地位的深刻认识和高度重视。

列宁认为青年的教育至关重要，他主张通过实施国民基础教育扫除青年文盲，促进青年全面发展。同时，他还强调要加强政治教育，使青年成为有觉悟的共产主义青年战士。此外，列宁还提倡开展科学技术教育等，帮助青年掌握科学文化和职业技能，以满足和适应社会需求，提高劳动生产效率。这些教育措施旨在培养共产主义新人。"学习，学习，再学习！"这是列宁1920年在俄国共产主义青年

---

① 《列宁选集》第四卷，292页，北京，人民出版社，2012。

团第三次代表大会上发表演说时所讲的话。这句话表达了列宁对青年的殷切期望，也反映了列宁自己对学习的重视和热爱。

列宁强调通过青年组织来团结青年，充分发挥共青团的作用。列宁在《青年团的任务》中指出："共产主义青年团应当是一支能够支援各种工作、处处都表现出主动性和首创精神的突击队。青年团应当成为这样的一个团体，使每个工人都感觉到，这个团体中人们所讲的学说也许是他不了解的，也许是他还不能一下子就相信的，但是从这些人的实际工作和活动可以看出，他们真正是能给他指明正确道路的人。"[①]这不仅深刻阐明了培养青年一代的重要意义，也对青年一代如何成长成才提出了明确的要求。列宁认为党组织必须更加广泛地吸收青年力量，俄国共产主义青年团要充分发挥布尔什维克联系青年群体的桥梁和纽带作用；通过组织青年参与社会实践和革命斗争，培养他们的集体主义精神和革命意识，为实现共产主义事业而奋斗。

（二）中国化的马克思主义青年观

自马克思主义传入我国以来，我国历届领导人从社会实际情况出发，认识到青年培育对国家发展的重要意义，认识到思想政治教育对青年培育的重要性，将正确意识形态培育放在重要地位，始终将共产主义作为远大理想指引青年。以毛泽东、邓小平、江泽民、胡锦涛、习近平为代表的中国马克思主义者，结合时代背景、青年特点、国家发展目标，形成了不同的青年观思想。

---

① 《列宁选集》第四卷，295页，北京，人民出版社，2012。

1. 毛泽东的青年观

毛泽东生于革命年代，对青年和青年运动有着独特的感情。毛泽东自青年时代开始就求知若渴，对人才谦虚尊敬，对社会问题有独到的见解。在马克思主义传入我国以前，毛泽东在《新青年》杂志上多次发表独有见地的文章，对很多社会问题都有深入的思考。五四运动之后，毛泽东受到了马克思主义的熏陶，开始参与爱国运动，进行爱国演讲，并为马克思主义理论的传播进行奔走，逐渐在思想上、行动上成为一名马克思主义战士。

在抗日战争期间，毛泽东就青年的政治问题、思想问题、前途问题和教育问题以及责任担当问题多次发表文章。《五四运动》《青年运动的方向》等都是毛泽东表达当时对青年期望的讲话，形成了系统的青年思想论述，为青年一代注入了投身革命、不畏牺牲、建设祖国的坚定信念。1957年，毛泽东在走访苏联期间，对在苏联求学的中国学生说道："世界是你们的，也是我们的，但是归根结底是你们的。你们青年人朝气蓬勃，正在兴旺时期，好像早上八九点钟的太阳。希望寄托在你们身上。"[1]由此可见，毛泽东将青年比作太阳，认为青年的光芒是最耀眼的，青年在，未来和希望就在。

毛泽东的青年观是将马克思主义经典作家青年观与中国具体实际相结合的典范，是在新民主主义革命和社会主义革命、建设中不断完善的。毛泽东自青年时期就一边学习理论知识一边投身革命运动，将革命运动总结下来的经

---

[1] 中共中央文献研究室：《毛泽东年谱（一九四九——一九七六）》第三卷，248页，北京，中央文献出版社，2013。

验不断反思打磨，写出了很多对后世影响深远的著作，为青年做出了榜样。毛泽东的青年观为正确认识青年的作用、准确培育青年、调动青年的积极性、使青年自觉为共产主义事业奋斗提供了理论基础。

2. 邓小平的青年观

邓小平在继承毛泽东青年观的基础上，认真分析时代特征、社会状况，注重以辩证、发展的眼光分析青年的优缺点，提出一系列青年发展的具体要求。在和平与发展的时代背景下，邓小平提出了改革开放的伟大决策，认为国家之间综合国力的竞争不再是表面看起来经济实力的竞争，实际上是科技和人才的竞争。在党的十二大上，邓小平提出要建设高度的社会主义精神文明的要求，并且对青年提出了"四有、三讲、两不怕"的培育期望。1983年，邓小平提出关于教育的三个面向：教育要面向现代化，面向世界，面向未来。[1] 这为青年培育奠定了总基调，规划了大方向。在1985年全国共青团思想政治工作会议上，邓小平提出了具有重要现实意义的"四有"新人标准，即青年要做到"四有"——有理想、有道德、有文化、有纪律。邓小平所提出的"什么是社会主义""怎样建设社会主义"，从解决两个问题的动力出发，将青年发展成才提升到对社会主义本质认识的新高度，为改革开放和社会主义建设奠定了坚实的人才基础。

3. 江泽民的青年观

随着改革开放进入深化阶段，江泽民结合我国的国情，

---

[1] 《邓小平文选》第三卷，35页，北京，人民出版社，1993。

在继承学习已有的关于马克思主义青年观理论的基础上,进一步深化对青年的要求。他提出对青年发展更明确的目标、更翔实的要求。他在庆祝北京大学建校一百周年大会上讲道:"祖国和民族的希望寄托于青年。"①在邓小平"四有"新人的基础上,他将培养有理想、有道德、有文化、有纪律的新人作为社会主义精神文明建设的根本目标。2001年在庆祝清华大学建校九十周年大会上,他针对青年和大学生提出"五个成为"的目标要求:成为理想远大、热爱祖国的人,成为追求真理、勇于创新的人,成为德才兼备、全面发展的人,成为视野开阔、胸怀宽广的人,成为知行统一、脚踏实地的人。江泽民的青年观对新时期青年的稳步发展做出了清晰的构建,顺应了青年成长发展的客观规律,为新时代青年打牢思想基础、勾画行动指南,对培养21世纪的优秀人才具有重要推动作用。

4. 胡锦涛的青年观

在党的十六大开启新的时代形势下,胡锦涛提出科学发展观,将以人为本放在核心地位,对青年培育也倍加重视。胡锦涛着眼于国家前途命运,考虑国家经济社会发展大局,充分认识到21世纪人才的重要竞争力。他着眼于青年的独立性、进步性,倡导充分挖掘青年的潜力,认为青年可以肩负时代重任。他呼吁有志青年不论身在何处,都要时刻胸怀祖国,心系人民,将个人理想与社会的共同理想相融合,自觉投身于祖国复兴大业中去。2005年,胡锦涛在全国加强和改进大学生思想政治教育工作会议上提出:

---

① 《江泽民文选》第二卷,125页,北京,人民出版社,2006。

培养什么人、如何培养人是我国社会主义教育事业发展中必须解决好的根本问题。胡锦涛在对青年前途与祖国命运的纽带关系做出细致分析的基础上,又陆续提出了青年观新的时代内涵。"育人为本、德育为先"①是培育青年的核心理念;实现"四个新一代"是人才培养的总目标;"五点希望"是青年行动力提升的具体要求;充实"社会主义核心价值观"是生成人才的教育内容。胡锦涛提出广大青年要以社会主义荣辱观为约束,时刻用社会主义荣辱观净化自己的思想,规范自己的行为,带动社会的和谐。胡锦涛的青年观对青年问题做了总结,对青年发展提出了具体要求,为新时代青年的培育工作指明了方向,具有重要理论价值和实践指南意义。

(三)新时代习近平青年观的内容

伴随着中国日益接近中华民族伟大复兴的宏伟目标,习近平充分把握世情、国情、党情,多次与青年代表、青年学生交流对话,与他们谈论人生理想、讨论青年责任,时刻不忘对青年提出高标准的要求。他在2013年五四青年节同优秀青年谈话中提出希望青年坚定理想信念、练就过硬本领、勇于创新创造、矢志艰苦奋斗、锤炼高尚品格。这是习近平对人才素养提升和能力锤炼的具体要求。习近平提出青年最富有朝气,最富有梦想,是未来的领导者和建设者,提出青年"不断提高与时代发展和事业要求相适应的素质和能力"②。他希望青年能与时代发展相契合,能超

---

① 《胡锦涛文选》第三卷,420页,北京,人民出版社,2016。
② 中共中央文献研究室:《习近平关于青少年和共青团工作论述摘编》,45页,北京,中央文献出版社,2017。

越时代局限创造新成就。

在经济全球化的浪潮下,竞争的领域和范围在不断扩大,要想跟上时代的步伐大踏步前进,必须重视人才的作用。习近平十分重视青年的教育和培养,认为英才从青年中来,"千秋基业,人才为先","知识就是力量,人才就是未来"。[①] 习近平指出,建设教育强国是中华民族伟大复兴的基础工程,必须把教育事业放在优先位置。可见国家紧紧抓住教育对人才培养的重要性,国家要复兴,教育就不能停。要将社会主义核心价值观注入青年的培育,将青年的素质培养提到重要位置。

党的十九大以来,习近平围绕国家的"兴"和"强"来深化对培养怎样的青年的认识,提出有理想、有本领、有担当的要求,进一步深化培养担当民族复兴时代大任时代新人的科学内涵。对于担当时代大任,习近平心中满怀对青年的期望。他认为人类的美好理想,都不可能唾手可得,都离不开筚路蓝缕、手胼足胝的艰苦奋斗。青年的发展影响着祖国和世界的未来,他满怀对青年的希望,认为国家的希望在青年。

党的二十大报告提出:"青年强,则国家强。当代中国青年生逢其时,施展才干的舞台无比广阔,实现梦想的前景无比光明。全党要把青年工作作为战略性工作来抓,用党的科学理论武装青年,用党的初心使命感召青年,做青年朋友的知心人、青年工作的热心人、青年群众的引路人。广大青年要坚定不移听党话、跟党走,怀抱梦想又脚踏实

[①] 习近平:《在中国科学院第十七次院士大会、中国工程院第十二次院士大会上的讲话》,载《人民日报》,2014-06-10。

地，敢想敢为又善作善成，立志做有理想、敢担当、能吃苦、肯奋斗的新时代好青年，让青春在全面建设社会主义现代化国家的火热实践中绽放绚丽之花。"习近平在新时代对青年的重视体现在强调培养具有社会责任感、创新精神和爱国主义情感的青年。他要求青年坚持中国特色社会主义，积极投身中国特色社会主义伟大事业，强调青年在中国梦实现中的关键作用，并鼓励青年不怕困难，勇于创新，为国家的发展做出贡献。

二、马克思主义的人学理论

马克思主义的人学思想是一个庞大的体系，把"现实的人"作为研究的出发点，包含马克思主义关于人的本质、人的价值、人的解放与人的全面而自由的发展等内容。对马克思主义的人学思想进行梳理，是确定中国特色生涯教育理论的必然需要。

(一)马克思主义关于人的本质研究

"人的本质不是单个人所固有的抽象物，在其现实性上，它是一切社会关系的总和。"[①]上面已经阐述了劳动是人的本质，这是从人的类本质来界定的。"人是社会关系的总和"是从人的具体社会本质来界定的。对"人是社会关系的总和"的把握，主要是要把握好人的社会性。

首先，从历史发展性理解人的本质。社会不是静止不变的，而是处在发展变化状态的，促进一切变革的主体便是"现实的人"。发展不断进行着，单个人的历史不能脱离

---

① 《马克思恩格斯选集》第一卷，139页，北京，人民出版社，2012。

他以前的或同时代的个人的历史，而是由这种历史决定的。现代的人是在继承过去的人的基础上形成的，现在的人也将会是成为未来的人的前提。因此，对于人的本质的把握不能仅仅局限于人所生活的那个时代，还应该看到生活在各个历史时空中的人的区别。只有这样，才能使人从抽象性转为社会性，从孤立性转为社会性，从静止转化为运动。

其次，生产关系是一切社会关系的基础。这是理解马克思主义关于人的社会性的基础。曾经有哲学家指出了人的社会性。比如，苏格拉底曾说好习惯是一个人在社会交往中所能穿着的最佳服饰。亚里士多德指出人在本性上是社会动物。这些思想家都指出了人的社会性，但不能说他们把握了现实的人的本质。生产力作为社会发展的根本性因素，决定着社会关系的发展、生产关系的变革。在特定的生产关系下，人呈现出不同的状态，其本质随之发生着变化，但是每一个历史时期的人的本质又呈现着具体的现实性。在此观点的基础上才能把人的本质建立在历史唯物主义的基础之上，才能够真正地把握马克思主义关于人的社会性的本质。人是处在不断发展变化中的生物，马克思主义关于人是一切社会关系的总和的论述是针对费尔巴哈的抽象人性论提出来的。这一理论揭示了人的能动性、创造性的来源是人的社会性。同时，在特定的社会关系下，受不同生产关系的影响，又呈现出一定的特殊性。这是对劳动是人的本质的进一步补充。

(二)马克思主义关于人的全面发展学说

马克思主义关于人的全面发展学说同以往种种有关人的发展的学说的不同之处在于，以往一切有关人的发展的学说，或者在将脑力劳动与体力劳动相对立的社会基础上解决人的发展问题，或者把人当作抽象的、脱离具体历史条件的、脱离其所处的经济地位的个体，抽去了人的全面发展问题的基本前提。马克思主义从分析现实的人和现实的生产关系入手，提出了人的全面发展的条件、途径和手段，预言了在生产高度发展的基础上，在消灭了阶级对立、阶级压迫和社会制度中人的全面发展的现实性和必要性。

在马克思主义看来，人的全面发展，就其基本的意义而言，首先是指人能够适应不同的劳动需求，把不同的社会职能当作相互交替的活动方式。马克思主义把资本主义生产关系条件下的人的片面发展具体化为两个方面：一方面是个人在体力上的片面发展。另一方面是个人在智力上的片面发展。马克思主义还强调工人尽可能多方面发展是社会生产的普遍规律，这种多方面发展毫无疑问地应当被看成是工人的体力和智力的发展。

人的全面发展在马克思主义著作中有着丰富的内涵：一是指人的劳动能力的全面发展。这种能力的全面发展表现为人的体力和智力的全面发展。二是指人自身个性的全面发展。它意味着"人以一种全面的方式，也就是说，作为一个完整的人，占有自己的全面的本质"[1]，"均匀地发展全部的特性"[2]。三是指人的自由发展。它包括全部才能的自由发展，各种能力得到自由发展，个人独创和自由地发展等。

（三）马克思主义关于人的价值研究

马克思主义哲学认为，价值是客体对主体需要的满足

---

[1] 《马克思恩格斯全集》第四十二卷，123页，北京，人民出版社，1979。
[2] 《马克思恩格斯全集》第三卷，295页，北京，人民出版社，1960。

关系，价值这种关系取决于相互联系的两个方面，即人的需要与物的效用，只有这两方面相互结合才能产生价值。

在价值的本质问题上，存在客观主义价值论和主观主义价值论的对立。客观主义价值论认为价值是客体本身所固有的，而与主体无关。主观主义价值论认为价值就是主体的欲望、情感和兴趣，而与客体无关。这两种观点都只看到了矛盾的一面，而忽略了另一面，因而都是片面的。实际上，价值体现的是主体和客体之间的一种特定关系，表现为人与满足其某种需要的客体之间的意义关系。价值离不开主体的需要，也离不开客体的特性，即客体的某种性质、结构和属性。价值既具有主体性特征，又具有客观基础。

从价值评价的角度来看，主体以自身的需要为内在尺度运用于所评价的客体，因此不可避免地会产生评价的差异。评价结果与评价主体直接相关。主体总是运用自己的评价标准去考量客体，主体的需要、特点及情感、兴趣和爱好等直接影响评价结果，使评价结果受到主体意志的影响。

价值评价结果的正确与否依赖于对客体状况和主体需要的认识。能否做出正确的判断，取决于人对客体和主体的双重认识。这种认识不仅包括对客体属性和规律的认识，也包括对主体的规定性和需要的认识。据此分析，树因为对伐木匠没有用，就被伐木匠弃之不用。但是，树木是客观存在的事物，具有客体属性。这是主观需要的基本前提，只是不同的主体对事物的价值的认识是不同的。

马克思主义价值理论认为，人的价值也体现在两个方面：一是人作为主体所具有的价值，即自我价值。二是人作为客体所具有的价值，即社会价值。人必须为社会和他人做出贡献，才能具有社会价值。马克思主义哲学主张人通过自身的努力为社会和人类做出贡献而实现自身的价值。人之所以有价值在于，人是生命的载体，是物质财富的创造者，更是精神文明的创造者。人的价值产生的根源正是人对社会和他人创造了有用的价值。因此，人的价值就是人的实践满足社会和他人需要的积极作用，是表示人与社会关系的范畴，是表示人在社会中的地位、作用和意义的概念。

第二节　中华优秀传统文化关于生涯教育的基本思想

中华优秀传统文化蕴含的生涯教育思想是深刻而多面的，它不仅关注个体的职业技能发展，还着眼于人的全面成长和生命价值的实现。尤其是中华优秀传统文化蕴含的关于教育环境、教育规划等理论为中国特色生涯教育的发展提供了文化借鉴。

一、中华优秀传统文化中的环境论

儒家学派尤其重视思想和道德教育，将道德教育放在极为重要的位置。儒家学派的创始人孔子，以"仁"为其教育思想的重要内容，提出"里仁为美，择不处仁，焉得知？"可见，他非常重视环境对于人的品德形成的影响与作用。

儒家学派的另一位代表人物孟子提出了"居移气，养移体"和"人皆可以为尧舜"的主张，强调环境对于人的气质修养的改造作用，肯定了对人进行思想道德教育的可能性。孟母三迁的故事，讲述了孟母为了给儿子孟子创造一个良好的成长环境，而三次搬家的经历。这个故事体现了家庭教育环境对孩子成长的重要影响，也展现了中国古代家长对教育的重视。孟母的这一举动成为后人教育孩子的经典例证，用以强调环境对孩子性格和行为的影响。孟子后来成为儒家思想的重要代表人物，他的学说被誉为"孟学"，与"孔学"并列。这个故事也从一个侧面展示了孟母对孟子教育的影响，体现了良好的家庭教育环境对孩子未来的重要作用。

荀子秉持"性恶论"的观点，提出了"化性起伪"的道德养成观点，认为"蓬生麻中，不扶而直""白沙在涅，与之俱黑"，强调环境中积渐习染改变人的志向。与之相应，持久的努力能够改变人的本性。他还主张人在环境中应选择积极因素，避免消极因素；增强积极影响，规避消极影响。

二、中华优秀传统文化中的规划论

"凡事预则立，不预则废"出自《礼记》。意思是做任何事情，事前有准备就容易成功，没有准备就容易失败。说话前先有准备，更容易条理清晰、言之有物；行事前计划先有定夺，就不会手忙脚乱、误打误撞。

"凡事预则立，不预则废"说的就是计划的重要性。大到对组织、人生长远规划，小到工作、生活中的具体事情，无不需要进行计划。计划先行是一切事情成功的基础。凡事能提前则提前，提前可以给自己争取更多的选择和主动时间，推后只会被动。因而在生活中重要的事，只要提前有了打算就要提前做好准备，遇到合适的时机就出手，如果没有提前准备可能会错失很多机会。

"吾生也有涯，而知也无涯，以有涯随无涯，殆已"出自《庄子》。庄子这句话的含义是很深奥的。庄子通过这句话表达出一种关于生命与知识的哲学思考，提示人们要认识到生命的短暂，不要盲目追求，而是要合理地选择和安排自己的生活和学习，找到一个平衡。这样才能更好地过好每一天，真正地生活。庄子不是建议我们终身去学习知识，也不是不让我们去学习，而是建议我们要学习知识，但不能脱离生活实际，应活学活用。学习的目的是开发智慧，一通百通，一闻千悟。

"谋，而后定；不谋，而衰矣""谋深，虑远，成之因也"是《菜根谭》谋略篇中的两句论断，深刻地揭示了谋与虑在成功中的重要地位与作用。《鬼谷子》也提道："虑深远则计谋成。"实施行动之前，需要仔细地谋划，从全局的观念进行考虑，才能达到"运筹帷幄之中，决胜千里之外"的效果。做事之前不三思，万万不可取；三思之后不行动，万事难成。

《太公金匮》有言："先谋后事者昌，先事后谋者亡。"辛弃疾也说："事未至而预图，则处之常有余；事既至而后计，则应之常不足。"这些说的都是让我们做事须有谋划，有准备，未雨绸缪才易获得成功；如事先没有打算，心中无数就盲目办事，一遇困难不知所措，就易于失败。

三、中华优秀传统文化中的教育论

中华优秀传统文化强调顺应个体的天性和兴趣来发展

职业生涯。例如，孔子提倡"因材施教"。这一思想可以应用于生涯教育中，即根据个体的兴趣、能力和特长来规划职业道路，使个体能够在自己喜欢并擅长的领域发挥最大的潜力。

中华优秀传统文化注重持续学习和自我提升。在快速变化的社会环境中，这一点对于生涯发展尤为重要。中华优秀传统文化中的"勤学不辍""温故知新"等观念，鼓励个体在职业生涯中不断学习新知识、新技能，以适应不断变化的工作环境和市场需求。

中华优秀传统文化中的"中庸之道"强调平衡与和谐，这在生涯教育中也有重要的指导意义。个体在追求职业成功的同时，要注重生活的品质和个人的身心健康。通过平衡工作与生活的关系，个体能够在繁忙的职业生涯中找到内心的宁静和满足感。

第三节 西方国家关于生涯教育的相关理论

西方的生涯教育开始较早，并且在体系化的过程中形成了很多经典理论。职业兴趣理论、职业生涯发展论、认知信息加工理论、特质—因素论等都是职业生涯规划体系中的经典理论，对中国特色生涯教育的研究具有重要的借鉴意义。

一、职业兴趣理论

心理学家霍兰德提出了职业兴趣理论，他指出兴趣仅仅是描述人格特质的方法，个人特质是兴趣爱好、能力水平、理想价值、心智态度的结合，指引着大学职业生涯规划教育的发展。霍兰德认为，可以通过一系列的心理测验和兴趣测量，找准定位，寻找与自身条件相匹配、相适应的职业。同时，人们根据自身的特点和发展需要，寻找适合自己发展的职业环境。个体在工作领域中可以承担一定的责任，充分发挥自己的优势和特长，认真完成一定的工作任务，在实现工作目标的同时得到自我发展，实现自我价值和获得满足感。

根据职业兴趣理论，霍兰德提出了职业生涯模型。其不仅适用人格评估，也适用环境分析（见图2-1）。这六种类型分别为现实型（Realistic，R）、研究型（Investigative，I）、艺术型（Artistic，A）、社会型（Social，S）、企业型（Enerprising，E）和常规型（Conventional，C）。其各种类型的解释分别为：现实型（R）偏爱独立完成工作，喜欢完成具体任务，做事稳妥踏实，但不喜欢语言表达，不喜欢变化，表现谦虚；爱好使用工具进行操作性的工作，身体协调性好，手脚灵活，动手能力强。研究型（I）偏爱推理分析和逻辑判断，做事想问题理性，喜欢精细化；爱好独立创新和具有想象力的工作；知识丰富，学习能力强，善于思考，喜欢动脑，抽象思维能力强，不断探讨未知的领域；不善于与他人沟通，不擅长领导他人。艺术型（A）有创造力，有想象力，喜欢创新，喜欢与众不同；做事要求完美，较为感性，经常情绪化；喜欢表演，有强烈的表现欲望，张扬个性；喜欢与他人交流，心情波动大，兴趣易转移，不能在一件事上保持持久。社会型（S）喜欢承担更多的社会责任和义务，热心公益事业，关注社会问题，渴望在社会发展中最大限度地发挥自身的作用和价值；擅长与他人打交道，拥有丰富的人际资源网络，喜欢教育别人。企业型（E）敢于竞争、喜欢挑战，有权力欲望，拥有远大理想；具有领导才能，追求物质财富的同时更注重身体地位；为人理性务实，经常把获得的利益、追求的金钱地位作为成功的标准，有很强的目的性。常规型（C）喜欢遵守规章制度，按章办事；为人踏实稳定，做事周密有条理，有计划性；习惯听从他人的指挥做事，落实能力强，时间观念强；做事理性，逻辑思维能力强，善于关注细节，富有自我牺牲精神；缺少创新性，不喜欢冒险。

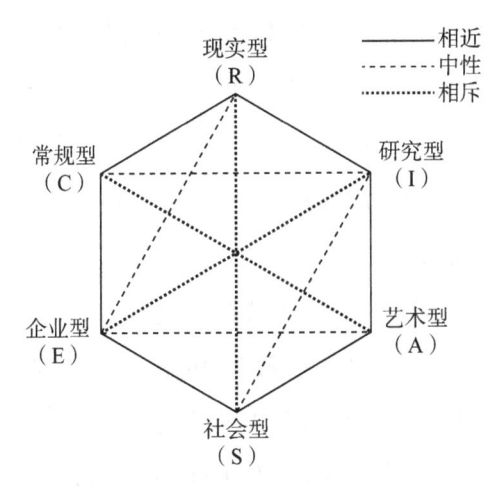

图 2-1 霍兰德的职业生涯模型

二、职业生涯发展论

舒伯认为生涯是个人一生中各种事件的演进方向和历程，它统合了个人一生中的各种职业和生活角色，并由此表现为个人独特的自我发展形态。它包括青春期至退休期各种有薪酬或者无薪酬的职位，还包括一生中扮演的各种角色，如学生、职员、教师、公务员、父母、朋友、伴侣及关爱者等。舒伯主要以职业发展为重点对生涯问题进行了系统研究。他认为，职业生涯是指从出生开始到逐步踏入社会，通过职业训练或学习，培养职业兴趣，获得职业能力，进而选择职业、从事职业活动，直至退出职业活动、离开工作岗位这样一个完整的发展过程。

舒伯提出了五阶段生涯发展理论，把人的生涯发展分为成长、探索、建立、维持和衰退五个阶段。

一是成长阶段（0~14岁）。这一阶段可以分为幻想期、兴趣期、能力期。幻想期为4~10岁，以需要为主要考虑因素。在幻想期，角色扮演起着重要的作用。兴趣期为11~12岁，对周围世界各种事物的兴趣是个体抱负和活动的主要决定因素。能力期为13~14岁，以能力为主要考虑因素，个体的能力逐渐成为儿童活动的中心。

二是探索阶段（15~24岁）。这一阶段个体通过学校生活和社会实践，对自我能力以及角色、职业进行探索。这个阶段可划分为试探期、过渡期和承诺期。试探期为15~17岁，考虑需要、兴趣、能力和机会，可能会做暂时决定，并在幻想、讨论、学业和工作中尝试。过渡期为18~21岁，已经开始接受就业或进行专业训练，更重视现实，并力图实现自我观念，逐渐将一般性职业选择变为特定的选择。承诺期为22~24岁。个体进行生涯初步确定并验证其成为长期职业的可能性，根据自身的经验和客观情况的变化进行选择和调整。我们所说的大学生涯就处于这一阶段。

三是建立阶段（25~44岁）。这一阶段是逐步实现自我与职业的统合，与特定职业岗位相联系的确立并达成人生发展目标的阶段。其大致分为两个时期：其一是承诺稳定期。从 25～30 岁，个体致力寻求安定的工作，如果工作不满意则做出调整。其二是建立期。从 31～44 岁，个体致力于工作上的稳固，大部分人处于富有创造性的时期。

四是维持阶段（45～65 岁）。这一阶段的主要任务是维持个人现有的成就和地位并力求有新的发展。

五是衰退阶段（65 岁以上）。在这个阶段，由于个体心理与生理机能逐渐衰退，主要是离开工作岗位后，寻求新的生活方式、发展新的社会角色以替代和满足个人物质生活和精神生活的需求。

舒伯认为人的生涯发展的各个阶段要面对成长、探索、建立、维持和衰退的问题，因而在每个阶段又将经历"成长—探索—建立—维持—衰退"的小循环。

三、认知信息加工理论

认知信息加工理论是当代认知心理学中迅速扩展的一个重要理论，旨在讨论人何以能知，人何以获知。20 世纪 90 年代初期，桑普森、彼得森和里尔登提出认知信息加工理论。他们认为生涯辅导的最终目的是增强个体的能力，使其成为生涯问题的解决者及决定者。认知信息加工理论强调从信息加工取向看待生涯问题解决，认为生涯发展就是看一个人如何做出生涯决策，以及在生涯问题解决和生涯决策过程中如何使用信息。认知信息加工理论强调生涯决定的认知层面。"职业认知"和"自我认知"包含许多组织的记忆结构，被称为图式。认知信息加工理论强调生涯辅导是一种学习的历程。通过辅导所带来的个人成长，其本质是一种知识的增长。图 2-2 为职业生涯的认知模型。

```
        后设
        认知          执行层面
      生涯决定         决策层面
   职业认知 自我认知   知识层面
```

图 2-2 职业生涯的认知模型

四、特质—因素论

特质—因素论以差异心理学为理论研究基础，关注的焦点是求职者与就业岗位的人职匹配问题。帕森斯认为，每个人的心理与行为都存在差异，每个独立的个体都有自己的特质，包括价值观、人格、兴趣、个人成就等；人的特质可以客观测量，是个人潜能的反映。[①] 每个人都有自己的特点，每种职业都要求从业者具备不同的特质，每个人都有根据个人特质选择职业的机会。

人们通过评估自己的特点和工作岗位要求，可以找到适合自己的职业。根据帕森斯的理论，人职匹配过程由三部分组成。一是通过各种测量方法进行自我了解和评估。具体内容包括关于身体状况、能力、爱好、个性、气质、成就、动机、价值观等的个人数据。二是获取有关职业的知识和信息，并分析职业对人的要求。具体内容包括任职

---

① 刘燕华、吴红骏：《心理学视角的职业规划与实务》，131～132 页，兰州，甘肃文化出版社，2007。

条件、工资待遇、工作条件以及个人晋升空间等。三是人职匹配，在了解自我特质和职业各种因素的基础上，进行比较分析和评估，通过匹配找到符合自身特质的职业。特质—因素论注重心理测量工具的使用。各种测量工具在此理论下获得了大量应用，对心理测量的发展和应用起到了极大的推动作用，同时促进个体对各种职业进行深入的探究，使职业指导成为沟通个体与用人单位之间的桥梁，促进了职业指导行业的发展。该理论易于学习和操作，对开展中国特色生涯教育具有重要意义。当然，这一理论也有不足之处。首先，测量工具本身存在信效度的问题。其次，它强调理性的适配，过于看重个体特质与职业之间的硬性匹配关系，而忽视了个体在决策中的影响作用。最后，静态的测量结果可能无法真实地反映个体优势与内心深层次的冲突，从而忽略个体与环境之间的相互作用。

五、人职匹配理论

帕森斯指出，每个人都具有不同的特质，都具有个性化。世界上没有两片相同的树叶，同样没有两个个性相同的人。每个人的特性与其成长经历、教育背景、职业选择、社会文化有关。同时人们可以运用科学和系统的手段评估自我、研究机会，最后实现成功就业。在这里，需要解决的问题是人的特性与职业相匹配的问题，即达到合理的人职匹配。人职匹配理论强调专业指导者通过运用测评工具，对被指导者进行心理特性和生理特性的评价与分析，帮助被指导者进行对比和澄清，结合自身评估和环境分析做好切实可行的职业选择。帕森斯的人职匹配理论的核心是个体发展需要和职业发展相吻合，要基于以下条件：第一，每个人都是不相同的，具有个性化的特征，并且这些特征是可以客观、公正、有效地测评的；第二，不同职业领域要对劳动者有不同的特性要求；第三，找到一份理想工作是简单可行的过程，而且可以达到合理的匹配；第四，每个人把自身的特性和职业要求联系得越紧密，获得成功的可能性就越大。帕森斯的人职匹配理论是非常便于操作的，它可以把职业生涯规划简单地分为三步：自我评估、职业环境分析和找到最佳结合点。因此，个体在自我分析和外部环境分析的基础上，通过专业指导者的辅导，依据自身的个性特征、发展要求，来选择自己可能从事的职业。

六、工作适应理论

工作适应理论是一种职业心理学理论，由戴维斯和罗奎斯特于20世纪60年代提出。该理论主要关注个体与其工作环境之间的匹配程度，强调个体与工作环境的动态相互作用和适应过程。该理论的核心观点是，职业满意度和职业成功主要取决于个体与工作环境的匹配程度。这种匹配被称为"对应性"。以下是工作适应理论的相关介绍。

(一)个体差异

每个人都有自己独特的能力和需求配置。能力指的是个体可以成功完成特定工作任务的程度，需求指的是个体追求和期望从工作中获得什么。

(二)工作环境

工作环境也有自身的特征，其特征被称为"强化系统"。强化系统描述了工作环境提供的各种奖励和条件，以及这些条件满足员工需求的程度。

(三)对应性

对应性是指个体的能力与工作环境的需求相匹配,以及个体的需求与工作环境的强化系统的匹配程度。当匹配程度较高时,个体更有可能经历职业满意和稳定。

(四)适应与满意度

当个体与工作环境的对应性较高时,个体更容易适应工作,并从中获得满意度。相反,如果对应性较低,个体可能会经历职业不满和压力。

(五)适应过程

当个体与工作环境不匹配时,个体将开始工作环境的适应过程,以尝试改善匹配程度。这可能包括个体改变自己的行为、发展新的技能或者改变工作环境。

(六)工作持久性

个体与工作环境的对应性越高,个体在当前工作的持久性就越高。如果对应性较低,个体更可能离开并寻找其他更匹配的工作。

工作适应理论是职业咨询和职业发展领域的一个重要理论,它提供了一个框架来理解和预测个体在职业生涯中的行为和满意度。这一理论已被用于指导职业选择、员工选拔、制订职业发展计划和员工辅导等实践活动。

第三章 中国特色生涯教育的发展历程

中国特色生涯教育是伴随着经济和社会的发展而发展的，其发展大体可分为三个阶段。第一个阶段是20世纪20年代到新中国成立之前——启蒙阶段；第二个阶段是新中国成立之后到党的十八大——发展阶段；第三个阶段是中国特色社会主义进入新时代以来到现在——形成阶段。每一阶段的中国特色生涯教育的内容、方式、形式等都根据当时的国家政策以及时代要求有所变化，时刻践行着"围绕中心、服务大局"的构建理念。

第一节 20世纪20年代到新中国成立之前——启蒙阶段

20世纪初，我国面临着青年学生毕业后失业和工商业领域急需人才之间的矛盾。一些教育界和实业界的有识之士考虑到我国当时经济落后的实际情况，开始借鉴西方国家的生涯教育理论，积极倡导、实验并推行生涯教育。这个过程是我国生涯教育的重要开端。

1916年，清华大学校长周诒春实行了一项重要举措，邀请实业界和教育界的专家和知名人士到校进行职业演讲，同时对学生的职业倾向进行了详细的调查。此外，清华大学还开始实施与生涯规划相关的课程辅导，为学生提供了更多关于未来职业选择的信息和指导。随后，一些中学和大学也纷纷成立了类似的机构，开始开展生涯教育。同时，全国范围内成立了职业指导委员会，编辑并出版了一系列指导性教材，用以帮助学生更好地了解不同职业领域以及规划他们的职业发展。这些举措为我国生涯教育的发展奠定了坚实的基础。随着时间的推移，生涯教育在我国逐渐得到拓展和改进，不仅关注职业选择，还包括职业技能培训、提供实习机会、创业支持等方面的内容，以更好地满足学生的职业需求，并促进社会经济的发展。因此，中国生涯教育体系不断壮大，为青年一代提供了更多职业发展的机会和支持。

清华大学可谓是我国较早积极倡导生涯教育的学校之一。在社会团体方面，中华职业教育社发挥了重要作用。1919年，一群杰出的老一辈革命家和教育家，包括黄炎培等人，在中华职业教育社的社刊《教育与职业》上刊登了一期名为《职业指导号》的专题文章。这标志着该社正式开始关注和研究生涯教育问题。从1919年开始发表《职业指导号》的专题文章到1937年全面抗战爆发前，《教育与职业》杂志刊登了多篇关于生涯教育的论文，社会上发表的书籍也有多种。这些文章和书籍都以追求"使无业者有业，使有业者乐业"为最终目标。

在生涯教育领域，中华职业教育社采取了一系列具体行动。1920年，他们成立了职业指导部，组织力量对社会职业状况进行调查，同时开展了职业选择方法的演讲，并率先将职业心理测验器应用于生涯教育活动。1924年，中华职业教育社开展了职业指导运动，在当时取得了成功。1927年，中华职业教育社在上海创立了我国第一个职业指导所，该所直接为社会提供服务，成为我国历史上第一个专门服务社会的职业指导机构。随后，各地的中华职业教育社相继设立了职业指导所，为我国早期生涯教育事业的发展奠定了坚实的基础。在抗战时期，中华职业教育社还积极兴办了难民职业指导实验场和战时人才调剂协会，为国家的战时努力提供了关键支持。这一系列举措表明了中华职业教育社在生涯教育领域的积极探索和贡献。1946年，中华职业教育社在上海创立了一所全新的中学，名为比乐中学，其目标是实现升学准备和职业训练的双重目标。该中学试图将多年来在生涯教育领域的理论研究和实践经验融为一体，以探索在普通中学有效实施生涯教育的途径。这一阶段的生涯教育发展具有重要意义，它有助于建立起教育与职业之间的紧密联系，促进教育界和职业界的合作，甚至推动了生涯教育理论的发展。

尽管这一阶段的生涯教育取得了一定进展，但由于时局动荡和经济发展滞后，许多既定的规划和理想都未能真正实现。许多爱国教育家曾憧憬通过生涯教育来改善个人生计，从而改变社会，但这些愿望在当时的环境中往往难以落实。这一阶段我国在职业教育方面的努力为未来生涯教育的发展奠定了基础，并为日后更广泛和深入的生涯教育探索铺平了道路。

第二节 新中国成立之后到党的十八大——发展阶段

从新中国成立到党的十一届三中全会前，我国一直采用计划经济体制，这意味着国家主导并掌控了几乎所有生产和资源分配。在这个阶段，国家大包大揽，统一安排，统一分配工作是常态。人们在所谓"铁饭碗"下，享有一定的经济保障，老有所养，后顾无忧，因此很少有人需要考虑职业生涯规划。个人的职业发展往往受限于国家的分配，即使制订了职业生涯规划，也难以实施。生涯教育的发展受到了限制。由于个人的职业选择有限，教育系统更多注重提供专业技能培训，而较少注重职业发展的多样性和个人发展的培养。然而，正是在党的十一届三中全会之后，我国开始了一系列经济改革开放政策的实施，逐渐走向市场经济体制。这一转变为个人职业发展创造了更多机会和自由度，职业生涯规划也逐渐成为个人和教育体系的关键组成部分。人们开始认识到，只有积极参与职业生涯规划，才能适应新的经济环境并实现个人价值。

随着市场经济制度的兴起，我国的教育体制和就业政策也经历了重大变革。1983年，教育部提出了"供需见面"的就业政策。这一政策的核心是促进学校与用人单位之间的紧密合作与交流，以更好地满足劳动市场的需求。这一政策的实施催生了高校职业指导领域的新改革，使社会与高校有机结合，共同规划专业人才的培养与使用。1989年，根据国家就业政策的指导方针，我国逐步实施了毕业生自主选择和用人单位择优录取的双向选择制度。这一制度开启了学生与用人单位之间更广泛的交流和合作。毕业生获得了更多自主决策的权利，能够更好地根据自身的兴趣和能力选择职业道路。同时，用人单位能够更灵活地根据实际需要招聘和培养人才，从而更好地满足市场需求。这些改革举措为我国的生涯教育和就业市场带来了深刻的变化。学生不再被强制性地分配到工作岗位，而是有机会参与职业规划，追求更符合自己兴趣和职业目标的道路。与此同时，用人单位受益于更广泛的人才选择，有助于提高工作效率和质量。这一转变反映了我国逐渐走向市场化和开放的经济体制，为国家的发展提供了更多的人才支持和活力。

1991年，《国务院关于大力发展职业技术教育的决定》发布，明确提出在普通教育中积极开展职业指导，实施不同阶段的学生分流教育。这标志着我国政府开始重视生涯教育，旨在更好地满足不断变化的就业市场需求。随后，1993年，《中国教育改革和发展纲要》发布，明确提出了大学生"自主择业"的要求，引发了对生涯教育问题的关注。同年，中国职业技术教育学会职业指导专业委员会成立。这一阶段的发展表明，我国政府正积极采取措施来促进生涯教育的发展，以更好地满足个体和社会的需求。这一阶段的生涯教育发展是自党的十一届三中全会以来，党和政府根据国内实际情况开辟多种就业渠道的结果。尤其是自改革开放以来，随着国民经济的快速增长、产业结构调整和劳动用工制度改革的深化，就业制度发生了根本性变革。多种就业形式得以发展，市场调节就业机制得以运用，为生涯教育提供了良好的发展机遇，反映了我国在不断适应经济发展和社会变迁的过程中,对教育体系进行改革和调整的努力。

1994年,国家教育委员会针对不同教育阶段,包括中学和小学等基础教育,颁布了一系列文件,如《普通中学职业指导纲要(试行)》《九年义务教育全日制小学、初级中学课程方案(试行)》《现行普通高中教学计划的调整意见》等。这些文件明确了职业指导的地位以及开设职业指导课程的重要性。这些文件还指出,这是为了适应社会主义市场经济体制的建立、深化基础教育改革的需要而采取的措施。随后1995年,《国家教委办公厅关于在高等学校开设就业指导选修课的通知》发布,明确要求各地高校开设就业指导课程,进一步推动了生涯教育的发展。

自1995年1月1日起,《职业指导办法》开始施行。该法规明确规定职业介绍机构应积极参与职业指导工作,同时要求这些机构配备专(兼)职职业指导工作人员,以向劳动者和用人单位提供职业指导、咨询和服务。这一举措有助于促进劳动力市场的建设和规范管理,为生涯教育提供了更广泛的支持。同年,《劳动部关于全面实施〈再就业工程〉的通知》发布,将职业指导纳入了"再就业工程"的范畴,强调下岗职工再就业的重要性。这进一步强调职业指导在新形势下的关键作用,为失业和下岗人员提供了更多的支持。1996年,《中华人民共和国职业教育法》正式实施。这标志着生涯教育的制度化、法制化和规范化。该法首次以国家法律的形式明确定义了职业指导的概念,为生涯教育的发展提供了法律基础。这一系列政策和法规的制定表明我国政府对生涯教育的认可和重视,旨在更好地培养适应市场需求的人才，并为学生提供更好的职业规划和发展机会。这些举措有助于适应社会的变革和经济的发展，促进了中国特色生涯教育的不断完善。

为提高职业指导人员的业务素质，促进职业指导工作的开展，劳动和社会保障部于1999年制定并颁布了《职业指导人员国家职业标准（试行）》，同时编辑出版了相关培训教材。同年，《关于开展职业指导人员职业资格培训和鉴定工作的通知》发布，为职业指导人员提供了培训和职业资格鉴定机会。2000年，职业指导人员职业资格鉴定工作在全国范围内正式展开，标志着职业指导工作的专业化和规范化迈出了重要的一步。这一系列措施为劳动力市场提供了更加专业和有效的职业指导服务，有助于劳动者更好地规划职业生涯和适应经济的变化。同时，它为职业指导工作的开展和提升奠定了坚实的基础。

2000年，清华大学、北京大学、中国人民大学等8所高校，在校园内举办了大学生职业生涯规划活动。这一活动引起了广泛的关注和热烈的反响，为当时迷茫的大学生提供了重要的职业生涯规划指导，被认为是一场及时的生涯教育启示。2003年，国家召开了全国职业技术学校职业指导工作经验交流会议。此次会议旨在梳理和分享高职院校内的职业指导工作经验。与会代表分享了他们的实践和经验，讨论了当前职业指导工作的开展方向。作为这一交流活动的成果，他们出版了《全国职业技术学校职业指导工作经验交流会文件汇编》。这本汇编为职业技术学院的职业指导工作提供了科学的理念和实践经验，有助于提高职业指导的质量和效果。这些举措反映了对职业生涯规划和职业指导的不断重视，并为我国高校学生提供了更多的资源和支持，以帮助他们更好地应对职业生涯中的挑战和机遇。这也促进了生涯教育在我国的发展和推广。

2007年，北京举办了首届中国职业生涯规划国际论坛。该论坛聚焦高校职业规划服务体系等相关内容，为高质量地分享和深入探讨提供了平台。这次职业生涯规划领域的国际性论坛的举办标志着职业指导领域开始迈向高速发展和国际化。同年，教育部提出了将就业指导课程纳入教学计划的要求，并发布了《大学生职业发展与就业指导课程教学要求》。这一举措将职业指导纳入正式课程体系，并推动了职业指导的课程化和常态化发展；旨在切实提高学生的就业能力和自我职业生涯管理能力，使他们更好地应对未来的职业挑战。这一发展反映了我国对职业生涯规划和职业指导的不断重视，为学生提供了更好的职业发展支持。

2008年，随着大学生职业发展与就业指导课程的正式引入，国内各高校都迅速响应，全面启动了职业生涯指导的相关教育活动，使更多大学生受益于此。为了更好地开展这一课程的教学，众多高校开始建立了专门的教研室或机构，致力于职业指导课程的研究、教学和实践。这些机构不仅负责教学安排，还参与课程内容的研究与创新，推动了大学生就业指导教育向制度化、学术化发展。为了满足教学需求，高校还开展了大量的课程资源开发工作。这包括构建完整的课程体系，编写与之相匹配的教材，以及开发各类辅助教学资源。例如，举办大学生职业生涯规划竞赛，提供职业心理咨询服务，开设素质拓展课程，以及组织职业环境的实地考察等，旨在帮助大学生更全面、深入地了解职业世界,为他们未来职业生涯规划打下坚实的基础。

2009年,为了进一步提高高校就业指导的专业水平和效果,教育部启动了万名就业指导师培训计划。该计划的目标是,在4~5年内,确保全国高校的就业指导人员都能够接受专业的资格和能力培训。这一行动不仅是对高等教育就业指导重要性的再次肯定,而且展现了国家对高校毕业生就业的高度重视。通过这样的培训计划,教育部希望提高就业指导人员的专业知识和技能,使他们能够为大学生提供有效、有针对性的职业指导。此外,这个计划还标志着我国高校就业指导队伍建设向专业化、规范化的方向迈进。经过这样的专业培训,就业指导师不仅能更好地理解学生的需求,还能为他们提供更加实用和切实可行的建议,助力学生顺利过渡到职业生涯,为国家的发展做出更大贡献。

第三节 中国特色社会主义进入新时代以来到现在——形成阶段

2012年,习近平总书记首次阐述了"实现中华民族伟大复兴是中华民族近代以来最伟大的梦想"的核心思想。这一中国梦的理念不仅代表了国家的使命与追求,也代表了亿万中国人的共同愿景。其深远的影响和号召力,在新时代为推动中国的发展与改革开放提供了坚强的精神支柱。无论经济、文化、科技领域还是其他领域,中国梦都已经深深地融入每一个领域,成为激励全体中华儿女为更加美好未来共同努力的动力源泉。中国梦是全体中国人民的梦，对于青年一代尤为重要，即中国梦和每个人的梦都紧密相连、相辅相成。在这个新时代，学生不仅要深入理解中国梦的真正内涵，还要与之同行，并在此过程中勾画和建设自己的人生蓝图。对于学生而言，理解中国梦意味着在自己的成长和职业道路上建立目标，不断释梦、筑梦、追梦，直至圆梦。中国梦既是关于国家的未来，雄伟而宏大，又是每个公民个人发展的愿景，贴近日常，真切可感。对于正处在人生关键阶段的学生来说，中国梦更是他们的职业和发展的指引。为了实现这一目标，他们不仅需要具备扎实的专业知识，还要发掘自己潜在的力量和特质，将其与中国梦结合，从而成为时代发展的参与者和贡献者。

梦想是一种强烈的愿望和追求，它能够激发人们的创造力和潜力，成为职业生涯成功的关键驱动力。对于学生来说，他们的个人理想、职业规划和发展方向，都与中国梦相关联，与国家发展相呼应。这种融合使他们的职业目标更加明确，行动策略更加科学，从而更加容易实现职业目标。在新时代背景下，学生面临着更多的发展机遇，他们不仅有广阔的职业天地，还有追求职业梦想的道路。他们应当深入理解中国梦，并将自己的职业理想和发展目标与之紧密结合，成为这个伟大时代的推动者、创新者和建设者，为中华民族伟大复兴贡献自己的力量，书写属于自己的青春华章。

为了实现中华民族伟大复兴的中国梦，青年一代必须有清晰的蓝图构建和目标规划，对自己以及国家的未来有着清晰的定位和认知。因此，对于现有的职业生涯规划理论，有必要融入中国的文化特色、国情及国家策略，使之更加符合中国的实际情况。这种改革不仅需要强调中国的主流意识形态，而且需要深入挖掘并融合中国的核心价值观和主题元素。更为关键的是，我们应该根据新时代中国学生的独特身份和显著特点，进行深入、系统的研究，从而推动职业生涯规划理论的创新。在此基础上，我们还应该考虑学生的多元化需求，为他们的职业生涯规划提供更加细致和有针对性的指导，帮助他们更好地定位自己，获得职业和人生的双重成功。

随着就业指导教学和服务的普及，人们对于理论指导和先进经验的需求日益增强。这进一步推动了职业生涯指导的专业化和学术化发展。首先，我们看到了大量国外关于生涯规划的理论、实践方法、评估软件和相关量表的翻译和引入。这导致了相关专业书籍和工具的不断涌现。其次，专门研究职业生涯指导的学术期刊开始建立，为研究者提供了一个交流和发表成果的平台。值得注意的是，多个研究团体和行业协会相继成立。例如，2009年经国家批准成立的高校毕业生就业协会，已经成为国家级的社会团体。最后，学术研讨活动在不断展开，如郑州大学成功举办了全国性的职业发展教育学科建设研讨会。这些活动和策略不仅凝聚了学科内的共识，还为生涯教育学科建设打下了坚实的基础，为未来的发展注入了强大的动力。

2015年，北京成功主办了首届高中学生发展指导高峰论坛。随着社会各界的关注，全国各地开始实践中小学生的生涯教育。浙江和河南在2015年分别发布了加强普通高中学生生涯规划教育的政策建议。2017年，河南郑州市也发布了中小学和幼儿园生涯教育的指导纲要，为中小学生生涯教育提供了政策和制度支持。

2019年，《国务院办公厅关于新时代推进普通高中育人方式改革的指导意见》发布，明确了普通高中的教育改革方向，强调通过多种方式，如学科教学渗透、开设指导课程、举办专题讲座和开展职业体验活动等，来为学生提供全方位的指导。近几年，全国各地纷纷响应这一政策，积极推进高中生涯教育的深化。例如，重庆市明确规定每所高中必须有至少1名负责生涯规划的专职教师，确保高中学生在三年至少4学分的生涯教育课程。其中还需确保学习至少1学分的专门课程，确保学生对于自己的未来发展有一个清晰的规划。

伴随职业生涯指导和相关研究的持续深入，越来越多的学校和学者开始关注生涯教育学科建设。一系列学校、知名专家和一线教师纷纷对专业研究生学科点进行了深入的探讨和实践。例如，郑州大学在2008年引入了职业指导课程，并在不久后便开始探索设立职业发展教育硕士研究生学科点。经过近十多年的努力和创新，该大学的人才培养机制逐步完善，并已成功升级为职业发展教育博士研究生学科点。这标志着生涯教育学科的进一步提升和完善。与此同时，河南医药大学于2021年开设了职业生涯发展教育硕士研究生学科点，但是在交叉学科范畴下进行的。北京师范大学、华东师范大学、南京师范大学、东北师范大学、沈阳师范大学和上海师范大学等国内知名高校，也都在相关专业内增设了职业生涯发展与辅导的研究领域，并已开始招收相关研究方向的硕士或博士研究生。这种趋势反映了生涯教育在当下教育体系中的重要性，以及为响应时代变化和社会需求，各高校对该学科的持续投入和支持。生涯教育专业研究生学科的建立无疑是该学科发展历程中的一个里程碑，为未来的研究和实践奠定了坚实的基础。

2011年，国务院学位委员会和教育部联合发布了《学位授予和人才培养学科目录（2011年）》，详细列举了学科门类与一级学科。该目录明确了学校在二级学科的设置上有相对的自主权。按照我国的学科设置标准，学科门类是将相关性较强的学科进行分类，一级学科是聚集了相近研究领域或共同理论基础的学科群体。进一步细分，二级学科是组成一级学科的基础构成部分。实际上，只有在一级学科的框架内，我们才能有效地组织和布局相关的学术内容，明确学科间的联系，并为它们确立精确的定位。因此，当我们谈论生涯教育学科建设时，我们必须首先明确其在学术领域的位置。这不仅有助于厘清学科的逻辑结构，还能为其在制度化学科专业建设中找到合适的位置。简言之，为了使生涯教育更加专业和系统，我们需要确保它在整个学术体系中有明确的定位和规范的发展路径。生涯教育学专注于研究个体职业发展的活动特性与内在规律。深入分析这一领域，我们可以发现人生观与职业价值观对个体的职业发展有着至关重要的影响。要培养健全的人生观和职业价值观，归根结底是教育的责任。基于我国原先的学科门类，生涯教育可以被视为教育学科的子学科。然而，进一步审视生涯教育学的研究目标、内容、领域和方法，我们会发现其涉及范围远超学校教育的传统界限。它不仅是教育的一部分，还与人力资源管理、思想政治教育、心理学和社会学等多个学科有着交集和互动，显示出其综合性与交叉性的独特性。在知识日益细分和创新加速的当下，学科间的交叉与融合成为学术界的一大发展趋势。2020年，在全国研究生教育会议上，我国新增的交叉学科门类成为第14个学科门类。这为生涯教育学的定位提供了新的方向，即将其纳入新的交叉学科门类，并作为其中的一级学科进行建设。这种转变不仅凸显了生涯教育学的独特性和重要性，还为这一领域的未来发展提供了更加广阔的空间和无限的可能性。

当前，我国正经历深刻的经济体制改革，处在百年未有之大变局和中华民族伟大复兴全局的交织期。面对经济结构调整和体制转型，我们遭遇了诸多就业问题。其中，劳动力供应过剩、经济结构的不断调整、经济体制从计划经济向市场经济的转轨，以及城乡二元结构的深度调整等多重因素，都为就业问题的出现提供了土壤。这已经不仅是某一地区或某一行业的问题，而且是涉及全国的宏观问题。解决这些问题，需要我们深入分析背后的原因，制定有效的政策，鼓励创新和创业，加强职业规划教育和培训，使当代大学生对自身职业有明确的规划，成为能担当民族复兴大任的一代新人，使我国未来的劳动力市场更为稳定和健康，经济发展更加稳固。

第四章 中国特色生涯教育的动力体系

中国特色生涯教育有其自身发展的动力。首先,人的自我发展的需要是中国特色生涯教育发展的内生因素。其次,社会和国家需要是中国特色生涯教育发展的特色动力。最后,中国特色生涯教育发展不能脱离立德树人这一教育的根本任务。

第一节 中国特色生涯教育中的人的自我发展需要

中国共产党始终坚持以人民为中心发展教育。中国特色生涯教育同样是站在人民立场上的教育,尊重个体的主体性,注重激发内生动力,强调自我价值的实现,旨在培养全面发展的社会主义建设者和接班人。

一、以人为本与中国特色生涯教育

以人为本在中国特色生涯教育中可以理解为以学生的全面发展为本,以学生的利益为生涯教育的出发点和落脚点,充分尊重学生的成长规律和个性发展,从学生的实际情况出发，发掘学生的潜力，培养学生的技能和特长，同时教育学生树立正确的职业价值观，使学生在进行职业选择时更加自尊自信，从而帮助学生创造幸福生活，实现人生价值。

之前的生涯教育对人的关注不够。第一，职业生涯规划的理论来自国外，不可避免地在部分理念方面，与我国的现实国情、社会要求、传统文化不相匹配。从实际情况来看，其也不完全适用于我国在不同教育背景和主客观环境下成长起来的青年。第二，我国在生涯教育的理论上的更新和创新都相对具有滞后性，存在将生涯教育窄化为以职业要求为本的静态的就业指导、缺乏发展的眼光、忽视社会环境的变化和人的发展成长的情况。第三，生涯教育过于依赖一些心理学测试。一方面，这些测评通常具有明显的西方文化价值特征；另一方面，这些测评将对学生的评估量化，结果过于笼统和刻板，千篇一律，忽视学生个体的特殊性。第四，生涯教育的目的局限于在事业方面取得成功，即找到一份高收入、高地位的稳定工作，在远大理想的树立和高尚品格的塑造方面有所欠缺，忽视人的精神世界需求和人生价值的实现。

习近平总书记在 2018 年全国教育大会上发表重要讲话，指出要坚持扎根中国大地办教育，把立德树人作为根本任务。国内的生涯教育理论围绕这一根本任务，立足中国的具体实际，植根中国的传统文化，进行发展创新，逐渐形成了中国特色生涯教育理论。在以人为本的教育理念指导下，中国特色生涯教育吸收借鉴国外有关职业生涯规划教育的优秀成果，挖掘中华优秀传统文化中的精华，充分考虑中国社会的实际情况，积极关注中国青年的思想转变，是更适合当代中国青年的生涯教育。

中国特色生涯教育突破了单纯的就业指导的局限性，把教育的内容扩展到了与职业生活相关的领域，包括职业发展、职业目标的确立、就业创业指导，也包括个人发展乃至家庭的发展、人生目标和人生价值的探寻，使生涯教育的内涵更加丰富、更加完善。另外，基于终身学习、学习社会的理念，中国特色生涯教育更注重以发展的眼光看待学生，从静态的人职匹配发展到动态的生涯建设，根据外部环境的变化，结合学生的学习规律和成长规律，不断地更新调整教育内容和方式，帮助学生找到更合适的职业，同时完善自身能力。

职业测评或者人才测评作为一种辅助工具，是心理学、管理学等多门学科的理论成果的综合体现，能够对被测试者进行相对客观的综合性评价。在生涯教育中使用相关测评工具的初衷是帮助学生更好地认识自己，获得更清晰的自我认知。但是由于测评的局限性和被测试者的不确定性，测评结果可能不会真实全面地反映被测试者的情况。因此不能够完全依赖测评结果，最好采取灵活的态度以做好职业生涯规划。同时，粗略地把人归为几类，也是不科学的。中国特色生涯教育在以人为本的理念指导下，重视把握学生的共性，关注学生的个性，发现学生的闪光点，提供具有独特性的规划方案，实现精准的生涯教育。

2021年，习近平总书记在清华大学考察时首次提出青年学生应该追求立大志、明大德、成大才、担大任，为祖国、为民族、为人民、为人类不懈奋斗。中国特色生涯教育始终从国家和民族的高度，把为人民服务的宗旨融入个人职业生涯，相比于西方个人本位的价值观，更强调社会责任感和集体意识。在这种教育理念下，学生不仅将目光放在自身的职业发展上，还始终牢记青年人的使命担当，有强烈的意愿为国家、为社会、为人民做出贡献，能够超越小我的有限性，在全面建成社会主义现代化强国的大舞台上发光发热，实现更大的人生价值。

以人为本的中国特色生涯教育在理论上弥补了国内生涯教育的不足，推动生涯教育进行本土化融合，在实践上部分解决了学生在职业规划和生涯发展方面的实际问题，满足了学生的实际需要。

二、中国特色生涯教育中的自我价值

马克思主义哲学意义上的价值是客体对于主体表现出来的积极意义和有用性。当客体能够满足主体的需求时，客体才具有价值。自我价值是个人及其活动对自身的意义。

心理学上有自我价值感的概念，指个体看重自己，觉得自己的才能和人格受到社会重视，在团体中享有一定的地位和声誉，并有良好的社会评价时所产生的积极情感体验。心理学家马斯洛认为，人的潜力需要发挥出来；当人的才能和潜力充分展现和发挥出来时，人们会感到巨大的满足，自我价值也就得到了提升。

中国特色生涯教育强调让学生了解自己的兴趣、能力、性格特质、价值取向、人生目标，从而认清自己，发掘自己的潜能，在未来工作中不断地肯定自己，提升自我价值。通过提升自我价值，学生能够获得做好工作的动力、解决工作中的问题的勇气、开拓其他领域工作的信心。

中国特色生涯教育强调充分考虑到学生的个人兴趣对未来职业发展的积极作用。我们经常听到"兴趣是最好的老师"这样的话。一方面，兴趣能够帮助延长对工作的热情，保持上进心，成就更好的职业未来；另一方面，与个人兴趣相符合的职业能开发出其他相关的兴趣。兴趣对于个体来说，是调节生活压力的重要方式，从而让个体在工作中感受到快乐，使个体真正感受到生活和工作的价值和意义。

中国特色生涯教育强调从现实出发，挖掘个体的潜能。每个人都有独特的天赋，生涯教育过程中就要帮助学生找到擅长的技能，充分利用这一天赋和技能接受挑战，实现自信心的叠加和自我认可，不断实现自我价值。有人可能并不喜欢所从事的职业，但是在工作过程中发现自己有解决问题的能力，可以克服遇到的困难，于是在这一过程中对自己有了信心。

性格是较为稳定的特质。中国特色生涯教育强调把学生的性格作为生涯规划的一个重要因素，分析学生的性格，让学生了解相关的职业倾向，合理地设定职业目标；帮助学生找到与自身的性格特点相契合的职业，制订生涯规划；让学生在相对自在的职业环境中如鱼得水，增强处理工作事务的信心。

价值观是人们关于价值本质的认识以及对人和事物的评价标准、评价原则和评价方法的观点的体系，是人们所持有的关于如何区分好与坏、对与错、符合与违背意愿的总体观念，是关于应该做什么和不应该做什么的基本见解。在中国特色生涯教育过程中，学生逐渐确立自己的价值观和信仰，找到匹配的职业理想和使命，对职业拥有认同感。价值观能够激励人们积极工作，不计较一时的得失，乐于付出，从而取得更大的成就，提升自我价值。

中国特色生涯教育看重人生目标的树立。每个人都有自己的人生目标和追求。一个人只要有明确的奋斗目标，就会产生前进的动力。这是因为目标不仅是奋斗的方向，还是一种鞭策的动力。有了目标，就有了热情，有了积极性，更有了前进的动力。当生活目标和职业发展一致时，职业可以帮助实现生活目标，让人的成就感和满足感倍增。

中国特色生涯教育重视自我价值的实现，体现了以人为本理念，强调充分尊重人的主体性，激发人的内生动力，从而成就出色的职业生涯。

三、中国特色生涯教育中的人是全面发展的人

每个人自由而全面发展是马克思主义追求的社会目标。在中国式现代化进程中，实现人的全面发展也是教育发展的前进方向。在2018年全国教育大会上，习近平总书记提出了教育要解决培养什么人、怎样培养人、为谁培养人的根本问题。中国特色生涯教育回答这一问题的答案是，培养以德为先、德智体美劳全面发展的人。

中国特色生涯教育中始终把德育放在第一位。首先，一个具有高尚道德品质的人能够在未来职场中赢得更多人的信任和尊重。比如说，一个诚实守信的人更容易得到青睐，获得更多发展的机会。其次，不同的职业有着不同的职业道德。比如，教师必须做到关爱学生、教书育人、为人师表等；医生必须以救死扶伤为己任，在生涯教育中养

成这种责任感，尽心尽力完成任务，对自己和他人负责。最后，德育应使学生学会尊重他人，相互理解，加强团队合作，减少摩擦。

中国特色生涯教育中的智育不仅包括知识的教学，还包括思维能力的构建和实践能力的培养。首先，"青年处于人生积累阶段，需要像海绵汲水一样汲取知识"[1]。知识积累是十分重要的，能够为之后的职业生涯规划奠定基础，提供智力支持。其次，思维能力的培养有更重要的意义，能够潜移默化地影响工作方式。敏捷的思维有助于快速地习得新知识，构建新的知识网络，提高工作效率。最后，智育不仅要帮助学生学习理论，学习课本上的知识，还要帮助学生学会应用，在实践、解决实际问题中获得新知，在未来职业生涯中保持终身学习的态度和能力。

体育也是中国特色生涯教育的重要组成部分。在现代社会，人们会为了工作忽略身体健康的重要性，加班熬夜，甚至一些年轻人的身体都处在亚健康的状态。中国特色生涯教育中的体育不仅要教会学生定期锻炼、增强体质，还要发展学生的自我管理能力、社交能力等。一方面，身体是革命的本钱，学会关爱自己的身体，了解自己身体的机能，可以为之后的职业生涯发展打下良好的基础。另一方面，在体育运动中，人的精神意志能够得到磨砺，心态能够得到调整，有助于更有信心面对生活和工作中的各种困难。

中国特色生涯教育中也很关注美育。美育通过直观的、感性的、美的形象使人感到心情舒畅，获得心灵上的满足

---

[1] 习近平：《论党的青年工作》，141页，北京，中央文献出版社，2022。

感，调节人的心情，维持人的身心健康，也有益于激发人的积极进取精神。首先，美育不仅是艺术教育，而且是培养认识美、欣赏美、创造美的能力。在这个过程中，学生的创造性思维可以得到培养。其次，美育包括向上向善的心灵美的教育，对于人的高尚情操的陶冶和精神境界的提高，对于职业道德的培养和提升具有重要作用。最后，美育能帮助学生缓解工作压力。在紧张的工作时刻，不经意间发现生活中的美，能够缓解精神上的疲惫，调整状态，带来新的动力和活力。

"要在学生中弘扬劳动精神，教育引导学生崇尚劳动、尊重劳动，懂得劳动最光荣、劳动最崇高、劳动最伟大、劳动最美丽的道理，长大后能够辛勤劳动、诚实劳动、创造性劳动。"[1]劳动教育在中国特色生涯教育中也具有十分重要的作用，劳动教育能够帮助学生逐渐适应职业生涯中的角色，能够在提高劳动技能的同时强化"劳动最光荣"的观念。一方面，学生在生涯教育过程中还只是在探索未来职业的可能性，不确定未来会从事的具体职业。劳动教育可以帮助学生进入劳动者的角色，增强学生的职场适应能力，以便学生在不同的场景下更好地发挥自己的工作技能。另一方面，劳动教育能够帮助学生提高心理素质。在劳动中必然会遇到各种困难，但就是在这一过程中，学生能够得到精神上的成长，能够磨砺心智，实干创业。

---

[1] 习近平：《论党的青年工作》，177 页，北京，中央文献出版社，2022。

第二节　中国特色生涯教育中的社会和国家需要

中国特色生涯教育与西方生涯教育的不同之处就是，由于不同的生产力水平、意识形态和价值观、社会历史文化传统，中国特色生涯教育更加强调个人职业发展对社会和国家的意义。

一、社会进步需要中国特色生涯教育

目前就业存在结构性矛盾，即人力资源供给与岗位需求之间的不匹配，招工难与就业难现象并存。全社会就业岗位虽然数量比较充分，但市场供求匹配度出现了问题，出现了"有人无岗"和"有岗无人"这样的结构性矛盾。从地域来说，东部地区凭借其经济发达、交通便利、职业发展空间大、生活条件优越等优势，吸引了更多的人才，中西部地区则可能因为经济发展相对滞后而较少受到青睐。从行业来说，无论在沿海地区还是在中西部地区，制造业、建筑业都出现了技工短缺、熟练工短缺、新型人才短缺的现象。导致就业存在结构性矛盾的一个重要原因是缺乏生涯教育，教育、培训的结构调整尚未充分与劳动力市场需求相结合，致使劳动者的技能水平和岗位需求不匹配的矛盾越来越突出。

开展中国特色生涯教育，可以加强学生与劳动力市场需求的结合，为学生提供更好的职业发展机会，缓解就业结构性矛盾，为社会稳定和发展做出贡献。一方面，中国特色生涯教育能够缓解社会就业压力。中国特色生涯教育不是空中楼阁，不是在课堂和书本中开展的。中国特色生涯教育始终高度关注劳动力市场的风向和行业动态的变化，注重加强与劳动力市场的联系，了解社会岗位需求，发挥超前思维，帮助学生合理规划自身的职业生涯。在中国特色生涯教育中，学生可以尽早地了解自身的兴趣、能力和潜力，更加精准地选择适合自己的职业领域，在提高个人就业满意度的同时，缓解社会的就业压力。另一方面，中国特色生涯教育能够促进各领域各行业的发展。中国特色生涯教育注重培养学生的创新意识和创业能力，鼓励学生成为创新型人才，营造创新创业的社会氛围，为整个社会的创新发展助力。中国特色生涯教育一直强调社会责任感的培养。每个人都在设身处地为他人、为社会考虑，积极参与社会实践和社会公益活动。越来越多的青年真正认识到我国社会当前的主要矛盾是发展的不平衡不充分，从而愿意深入基层、前往艰苦地区进行支教等活动，而不是片面地追求舒适的环境，不是功利地谋求自己的利益。这也极大地促进了社会和谐。

总之，中国特色生涯教育有助于缓解就业市场的结构性矛盾，促进社会和谐与进步。为此，我们需要不断完善相关教育体系，将中国特色生涯教育与劳动力市场需求紧密结合，为广大学生提供优质的教育资源，为社会进步贡献力量。

二、中国梦与中国特色生涯教育

中国特色生涯教育与建成社会主义现代化强国和中华

民族伟大复兴具有紧密相连的关系。在社会主义现代化强国建设中，为了保障民生，增加居民收入，提高人民的生活水平，增强人民的获得感、幸福感和安全感，同时增强国家的综合实力，提高国际竞争力，为实现中华民族伟大复兴提供有力支撑，就要促进高质量的充分就业。我们也要看到，青年是国家的未来和民族的希望。他们的职业选择和人生规划直接关系到国家的发展和民族的命运。在强化就业优先政策、健全就业促进机制的同时，必须加强中国特色生涯教育，帮助学生树立正确的就业观、择业观、创业观，引导学生找到自己的职业定位，引导他们理解职业背后的社会责任和民族使命，培养高素质人才，为国家和社会发展提供有力的人才支持。

习近平总书记讲过，我将无我，不负人民。这句话彰显着中国共产党人的无私奉献精神和责任担当。中国特色生涯教育也在传承这种爱国奉献的精神，坚持人民至上。我国是社会主义国家，这决定了中国特色生涯教育的任务是为社会主义国家培养无私的建设者和可靠的接班人，培养能够担当中华民族伟大复兴大任的时代新人。一代人有一代人的际遇，中国特色生涯教育将中国梦和青年的个人梦紧密联系在一起。在建设中国特色社会主义的新时代，学生在更多的领域，有更多的途径和更多的机会可以实现自己的人生价值。但必须强调的是，要以社会价值为重，保持正确的方向不走偏。职业选择和就业不仅是为了个人的生存和发展，还是为了社会的进步和民族的繁荣。中国特色生涯教育能够以习近平新时代中国特色社会主义思想为引领，让学生在学习和实践中理解中国特色社会主义的伟大意义，教育学生站在更高的境界来规划自己的职业生涯，关注政治，关注国家战略目标和民族的发展，把个人的职业生涯和国家的发展、民族的复兴联系起来，以奉献社会为己任，具备高度的社会责任感和民族自豪感，使他们能够在自己的职业生涯中，始终保持对国家和人民的忠诚，为实现国家发展战略提供有力支持。这就是中国特色生涯教育的特别之处，是对我国社会主义事业的坚定践行。

第三节 立德树人的根本任务引领推进中国特色生涯教育

中国特色生涯教育必须紧紧围绕立德树人这一根本任务培养青年。同时各级各类学校应当将思想政治教育与中国特色生涯教育进行有机融合，增强育人合力，培养德智体美劳全面发展的社会主义建设者和接班人。

一、立德树人的根本任务

立德树人是教育的根本任务，是高校的立身之本。党的十八大以来，习近平总书记多次强调完成立德树人这一根本任务。比如，"要把立德树人的成效作为检验学校一切工作的根本标准""要把立德树人内化到大学建设和管理各领域、各方面、各环节，做到以树人为核心，以立德为根本"[①]；"要坚持把立德树人作为中心环节，把思想政治工作贯穿教育教学全过程，实现全程育人、全方位育人，努力开

---

① 习近平：《在北京大学师生座谈会上的讲话》，7 页，北京，人民出版社，2018。

创我国高等教育事业发展新局面"①。在中国特色生涯教育中，学校要始终聚焦这一根本任务，为国育才，为党育人。

立德树人融入中国特色生涯教育具有现实意义。第一，实现中华民族伟大复兴需要每个人的努力和付出。中国特色生涯教育坚持立德树人，就是要引导学生把中国梦和自己的梦想联系起来，树立远大的理想，增强民族认同感和社会责任感，在追求人生理想、实现自身价值的过程中，为建成社会主义现代化强国贡献力量。第二，随着经济全球化的推进，当今世界正处于百年未有之大变局，不同的思想文化相互交流交融，互联网的发展使不同的价值观在我国的传播更为便利。在这一过程中，一些个人主义、享乐主义的价值观在学生中渗透，与主流的意识形态完全对立。中国特色生涯教育坚持立德树人，要在职业生涯规划这一初始阶段就做好学生的思想政治工作，走好中国特色社会主义的道路。

立德树人融入中国特色生涯教育对于学生来说具有多方面的意义。第一，立德树人能培育正确的价值观。比如说，爱岗敬业、劳动光荣这些价值观有助于学生在未来的职业发展中保持积极的工作态度和良好的生活心态，始终热爱劳动、热情工作，敢于迎难而上。第二，在中国特色生涯教育中，职业道德是立德树人的一项重要内容。学生在职业生涯规划过程中要明确自身所肩负的社会责任。中国特色生涯教育可以通过榜样的树立，引导学生向劳动模范学习，勤勤恳恳工作，脚踏实地干事创业，忠于职守，

---

① 《习近平谈治国理政》第二卷，376页，北京，外文出版社，2017。

发扬螺丝钉精神,在平凡的岗位上创造不凡的业绩。第三,立德树人引导学生在选择职业时,要始终与党和国家、人民站在一起,树立远大的理想,志存高远。中国特色生涯教育紧跟时代前进的步伐,关注时事政治,能够灵活把握时代发展的需要,抓住机会,引导学生在服务"大我"中实现"小我"。第四,以立德为出发点,以树人为落脚点,帮助学生形成良好的生活态度和面对得失、成败的正确态度,结合学生的职业理想和个性特点,培养学生解决问题的能力,提高学生自身的竞争力,帮助学生实现职业生涯的可持续发展。

二、学校推进思想政治教育与中国特色生涯教育相融合

思想政治教育与中国特色生涯教育是奠定学生发展基础的教育。思想政治教育的侧重点是加强思想引领,用科学的世界观和方法论武装头脑,坚定道路自信、理论自信、制度自信、文化自信,引导学生弘扬和践行社会主义核心价值观。中国特色生涯教育的侧重点是帮助学生了解自身的性格和能力,培养学生的职业技能和职业精神,指导学生进行职业规划。二者的融合具有多方面的意义。

第一,有利于落实立德树人根本任务,明确"培养什么人、怎样培养人、为谁培养人"这一问题。思想政治教育和中国特色生涯教育相融合围绕立德树人这一根本任务,加强理论和实践的结合,丰富学习内容,拓宽育人维度,给予学生多元的引导,促进学生思想水平、道德水平、职业规划能力、就业能力等的提高,促进学生健康、优化发展。

除此之外，以习近平新时代中国特色社会主义思想为引领，把社会主义核心价值观潜移默化地植入学生的头脑，有助于引导学生将个人的职业发展和社会进步、国家富强结合起来，激发学生为中华民族伟大复兴学习、奋斗的热情，帮助学生找到自身在社会中的合适位置，发挥自身的专业优势和能力，创造更多的社会价值；同时，引导学生在实践中学习，提高学生自身的素质和能力，使之努力成为德智体美劳全面发展的中国特色社会主义事业合格的建设者和可靠的接班人。

第二，有利于思想政治教育教学效果的提升。思想政治教育需要立足于中国实际发展，紧跟时代发展步伐，不断更新教育内容和创新教育方式。面对信息技术发达、价值观多元的社会现状，面对各种思潮的激荡，思想政治教育应以职业生涯规划为切入点，在规划的全过程中，进行价值观教育，引导学生树立正确的世界观，厚植爱国情怀。一方面，围绕现今就业形势和就业观念，思想政治教育可以从树立正确的职业观念出发，引导学生树立良好的职业道德根基，正确对待个人与职业、与社会的关系，从而把握教育的政治方向，增强教育所具有的思想引领功能，引导学生将个人职业发展规划与国家发展需求相结合，让学生能够形成正确的世界观、人生观、价值观。另一方面，在中国特色生涯教育的实践中，可以深入理解理论，用唯物辩证法的思想来考虑问题，用事物的普遍性来发现问题，将社会主义核心价值观、中华优秀传统文化教育、习近平新时代中国特色社会主义思想的"四个自信"教育内容与课堂知识、专业技能有机结合。

第三，有利于推进生涯教育本土化，充实生涯教育的内容。来自国外的生涯教育理论和中国特色社会主义的教育理念有差异，因此，思想政治教育和生涯教育相融合是构建中国特色生涯教育的关键一环。把思想政治教育融入生涯教育课程，引导学生在职业发展中遵纪守法、增强法律意识，培养学生的工匠精神，做到"干一行、爱一行、专一行"。同时，在生涯教育过程中，学生能够拓宽求职视野，正确认识个人发展与国家民族发展的关联，进而在评估就业相关影响因素及个人职业选择时，就有了长远和深度的思考，为自身的职业生涯规划与就业择业明确正确的发展方向，从而增加了生涯教育的广度与深度。

在全员、全程、全方位"三全育人"理念的指导下，推进思想政治教育和中国特色生涯教育有机融合发展是教育发展改革的热点问题。生涯教育能使学生明确职业目标、方向及道路，思想政治教育能为生涯教育提供思想层面的保障和引领。思想政治教育本身包含生涯教育，思想政治教育与生涯教育融合共同发展，能够提升思想政治教育的实践性和吸引力。同时，借助思想政治教育完善生涯教育的结构，增强学生生涯教育的感染力，也能在学生可持续发展时构建立体化的素质教育模式。

思想政治教育和中国特色生涯教育的契合性和一致性表现在如下几个方面。

首先，两者的教育对象和教育目标一致。在以人为本的教育理念指导下，思想政治教育和中国特色生涯教育面对的都是正处于人生拔节抽穗期的青少年。习近平总书记说过："青年的价值取向决定了未来整个社会的价值取向，而青年又处在价值观形成和确立的时期,抓好这一时期的价值观养成十分重要。这就像穿衣服扣扣子一样,如果第一粒扣子扣错了,剩余的扣子都会扣错。"[1]思想政治教育要培养有理想、敢担当、能吃苦、肯奋斗的新时代好青年,中国特色生涯教育要培养爱国守法、爱岗敬业的社会主义建设者和接班人,二者的目标是使学生成长为堪当中华民族伟大复兴大任的时代新人。

其次,两者的教育内容既互补又相通。中国特色生涯教育能提升学生的就业竞争力,打造学生的就业优势;思想政治教育能厘清学生精神层面的障碍,筑牢学生理想信念之基。中国特色生涯教育始终在党的领导下,以培养社会主义建设者和接班人为目标,其包含着丰富的思政元素,是开展思想政治教育工作的重要途径。思想政治教育的内涵广泛,包括职业道德在内的很多内容与职业生涯规划息息相关。

再次,两者的教育方法相契合。中国特色生涯教育和思想政治教育都会采取理论和实践教育相结合的教育方法,但二者都需要平衡理论和实践的比例,不能采取说教式的理论灌输方法,脱离实际,也不能忽视理论的指导作用,盲目实践。并且中国特色生涯教育和思想政治教育绝不仅仅局限在课堂、必修课上,家庭中家长的言传身教、社会上营造的良好社会氛围都是教学的课堂,二者要贯穿人一生的成长过程。

最后,两者的教育作用具有互补性。思想政治教育要

---

[1] 《习近平著作选读》第一卷,243页,北京,人民出版社,2023。

提高学生的思想境界和道德修养，使学生树立积极向上、稳定健康的观念和思想，引导学生正确认识时代责任和历史使命。中国特色生涯教育要以学生的发展需求与职业目标为出发点，有利于学生结合自身的特点及发展需求，全面融合多方发展资源，对就业前的职业准备有通盘考虑，了解就业信息和强化职业技能；引导学生潜移默化地在职业规划过程中把国家和民族的理想作为自己的奋斗目标。

综上所述，思想政治教育和中国特色生涯教育能够在找到合适切入点的基础上进行有机结合，帮助学生提升政治素养，树立正确的价值观，更好地进行职业生涯规划，有助于学生的长期发展。

第五章　中国特色生涯教育的内容与形式

在知识经济迅猛发展的时代背景下，生涯教育尤为重要，不仅关系到个人职业发展和人生规划，还关系到国家人才培养和社会进步。当下中国特色生涯教育体系正在逐步形成，中国特色生涯教育旨在培养具备高职业素养和创新能力的复合型人才，以适应不断变化的市场需求和职业发展趋势。因此，深入探讨中国特色生涯教育的内容与形式，对于促进人才培养、推动社会进步具有重要的理论和实践意义。

第一节　常规化生涯教育

中国特色生涯教育既包含常规化的教育内容，也注重个性化的职业引导。本节聚焦常规化生涯教育，从职业探索、职业意识培养与塑造、职业信息获取与分析以及自我定位与职业规划四个角度展开详细探讨，旨在帮助学生认清自我，构建科学系统的职业生涯规划框架，制定出明智的职业发展路径。

一、职业探索

职业探索狭义上指个体对于想要从事的某一具体职业进行探索；广义上指个体对职位、职业、专业、行业等职业世界的普遍探索。这里所讲的职业探索是引导学生对目标职业进行理论分析和实际调研的过程。职业探索的目的是对目标职业有充分的了解，并在明确自身与预期职业的差距中制定求职策略，从而合理规划学习生活。职业探索作为职业生涯规划教育的重要一环，旨在通过引导学生对目标职业进行探索，帮助学生列出适合自己的职业清单，明确自身的差距并为之不断努力。其主要包括以下几个方面。

(一)职业描述

职业描述就是对某一职业下定义，具体包括职业名称以及各方对其的定义。职业描述是对某一职业精练的概括和总结。在充分了解这一职业以及罗列学习别人对这一职业的看法后，我们要对这一职业进行定义。一般来说，各个职业的定义都是相对固定的，可以通过《中华人民共和国职业分类大典(2022年版)》加以具体了解。

(二)职业的核心工作内容

不同工作有着不同的核心工作内容，明确职业的核心工作内容，能够更好地获得完成工作所必备的工作能力，从而明确自身与目标职业之间的差距，找到自身的不足。在多大程度上了解工作内容，是衡量一个人对工作的熟悉和喜欢程度的重要标准。确定职业的核心工作内容有多个途径，一般来说，可以通过权威人事部门的工作总结、企业的招聘广告来获取相关信息或者直接请教行业协会及业内资深人士了解相关信息。

(三)职业的发展前景及其对社会和生活的影响

职业的发展前景体现了国家、社会对这一职业的需求度，主要包括三个方面：职业在国家发展阶段中的作用、职业对社会和大众的影响和职业对生活的影响。因此，在职业探索的过程中，不仅要明确职业对国家、社会的用处，也要明确其对人民大众生活的影响。国家政策导向是职业发展的主要驱动力。职业在国家发展中的作用一般有权威预测，但职业对社会和生活的影响要亲自调研和访问业内资深人士来了解。

(四)职业的薪资待遇及潜在收入空间

职业的薪资待遇是社会普遍关注的话题，也是择业的重要影响因素。因此在考量职业时要关注薪资待遇。职业是社会分工的产物，不同职业会根据参与社会分工的量来确定相应的报酬。此外，在不同的行业、企业、岗位上还有一些潜在收入空间。其实每个职业起薪都差不多，但随着能力的不断提升，薪资水平也会不断提升。

(五)职业的岗位设置及不同行业、企业间的差别

职业的岗位设置是指同一职业内部会划分为不同的岗位，如人事工作内部就分为招聘、考核等具体岗位。不同行业、不同企业对岗位的划分也是不同的，工作内容各有差异。要深入了解职业的岗位设置，有针对性地与自身的情况做比较，明确不同行业、企业对岗位的差异化需求。一般来说，可以通过权威网站、《中华人民共和国职业分类大典（2022年版）》、业内资深人士了解职业的岗位设置

情况。

(六)入门岗位及职业发展道路

入门岗位是指针对应届毕业生的工作，部分岗位是面向学生开放的，是学生求职的"敲门砖"。因此，要让学生明确可以通过哪些岗位进入职业领域，还要了解一个岗位对应的日后职业发展通路是什么，岗位的发展途径及最高级别岗位。

(七)职业标杆人物

职业标杆人物就是在这个职业领域做得最好的人。学生可以通过网上搜索、到图书馆查阅相关资料、咨询业内资深人士等相关途径，了解职业标杆人物的奋斗轨迹，了解其具备哪些素质，加深对职业的了解，找到奋斗的途径。

(八)职业的典型一天

学生可以通过对业内人士进行访谈，了解职业的典型一天。了解职业的典型一天，可以了解核心工作内容，通过了解这一职业的一天及具体时间安排判断自己是否适合这一职业。了解职业的典型一天是判断自己是否适合这一职业的重要标准。

(九)职业通用素质要求及入门具体能力

职业通用素质要求是指从事某种职业的基本要求，主要涉及个人通用素质能力，就是把工作做好应具备的能力。学生可以整理不同岗位要求的任职资格介绍，列出几项常用的能力，然后与自身对照，从而发现和认识自我。

(十)工作与思维方式及对个体的内在要求

高效的工作和思维方式是做好做精工作的保证。不同工作对人的内在要求不同，从个体内在出发判断是否喜欢和适合某一职业是更为科学的。此外，岗位要求的任职资格介绍会包含对从业者内在的素质要求，以及业内普遍认可的个体素质要求，还应考虑不同行业、不同企业对个体内在的差异化要求。

二、职业意识培养与塑造

职业意识是人们关于职业岗位的主观心理活动的总和。其内涵十分丰富，核心是爱岗敬业精神，支配从业者的职业行为。理想是指路的明灯，没有理想就没有坚定的方向，而没有坚定的方向就没有生活。由此可见理想信念的重要性，职业理想是个人职业奋斗的目标。职业意识并不是自然形成的，它的形成经历了一个从幼稚到成熟、从模糊到清晰的逐步发展的心理过程。职业意识不仅会对个人的就业、择业产生影响，也会对社会整体的就业状况产生影响。良好的职业意识可以激发从业者的活力和创造力，极大调动从业者的积极性。因此，中国特色生涯教育必须重视对教育对象进行职业意识培养与塑造。职业意识培养与塑造可以从以下几个方面进行细化。

(一)学习意识

活到老，学到老。职业意识培养与塑造离不开持续性的学习。随着社会的快速发展，要想在职业上有所成就就必须重视学习，不仅要在课堂上学习知识，还要在课外实践中学习；不仅要学习专业理论知识，还要学习其他非专业知识。通过在大中小学各学段开设职业生涯规划课程，教育者在学科教学过程中融入职业意识，引导教育对象进行自主学习，强化教育对象的职业学习意识，引导教育对象逐步形成一些初步的职业思维模式和习惯。

(二)诚信意识

古人曰:"人无信不立。"诚实守信是中华民族的传统美德,诚信也是基本的职业要求,是从业者必须具备的职业素质。当今社会,诚信意识已成为全民关注的热点话题,任何职业都十分看重诚信。在市场经济条件下,诚信是市场经济活动的基础性的行为规范,维系着市场经济的正常运行。诚信缺失不仅影响个人职业生涯的发展,而且严重阻碍我国社会主义市场经济的有序发展,进而扰乱市场经济的正常秩序。

(三)责任意识

责任意识是指从业者对职业、社会和他人所负的职责、使命的自觉意识,要求从业者不仅对任职岗位负责,还对社会和他人负责。责任意识是个人职业发展的前提和基础,没有责任心的人是不可能在工作中有所发展的。责任意识意味着个体在工作中要积极负责,不能推卸责任,按照岗位要求认真完成工作任务,在完成工作任务的同时保证任务质量。

(四)竞争意识

竞争意识的增强和竞争能力的提高往往是相伴发展的。随着当前社会的不断进步,大多工作岗位实行公开选拔、竞争上岗和职务聘任制度,"逢进必考"成了常态。因此,增强教育对象的竞争意识,提高他们的竞争能力尤为重要。青年往往朝气蓬勃,精力旺盛,渴望干出一番事业。进取心不断激励着青年努力向上,以求发展。但不可忽视的是,竞争意识和竞争能力都是通过理论知识的学习和参与实践活动逐步形成的。培养和塑造竞争意识必须重视教育对象的理论学习和实践训练，从而提高其竞争力。

（五）合作意识

"不谋全局者，不足以谋一隅；不谋大势者，不足以谋一时。"合作意识包含三个方面：一是大局观念，即个体行动要与整体行动相一致，要有整体意识；二是集体观念，即当个体利益与集体利益发生冲突时，要调节自身；三是协作能力，即将合作意识应用到实际工作当中就体现了协作能力。人心齐，泰山移。合作意识的实质在于协同合作，实现个人利益与集体利益的统一。合作意识的塑造离不开良好的表达沟通能力、较强的责任心、大局观以及合作精神。

（六）创新意识

创新意识是进行创新活动的起点和前提，是进行创新活动的内在驱动力。[1] 创新意识并不是先天生成的，而是后天培养和发展起来的。心理学家德雷夫达尔认为，创造力是人产生任何一种形式的思维结果的能力，而这种思维结果在本质上是新颖的，是产生它们的人事先所不知的。对于职业生涯来说，创新是尤为重要的，创新意识能够提高从业者的竞争力，有助于创造性地解决职业生涯中所遇到的问题。

（七）实践意识

社会实践活动对于职业意识的培养发挥着不可替代的作用。在实训、实习的过程中，教育对象可以切身实地获

---

[1] 郭丽萍、柳韶军、韩建伟：《创新创业教育》，12页，西安，西安电子科技大学出版社，2021。

取这一职业的第一手信息资料，感知自身与目标职业的具体差距，朝着目标职业方向努力。实践意识的培养包括实践教学和社会实践两个方面，二者相辅相成。在教学过程中，要有目的地引导教育对象走向社会实践第一线，通过社会调研、公益活动、顶岗实习等形式使教育对象在真实的环境中增强实践意识和能力。

三、职业信息获取与分析

(一)职业信息获取

职业信息获取是教育对象在进行职业生涯规划过程中遇到的首要问题。职业信息相较于就业信息而言内涵更为宽泛，主要包括国家政策、就业形势、职业名称、职业定义、主要工作内容、薪资待遇、工作方式、职业环境、任职资格等方面的信息。就业信息更多指的是就业政策、就业岗位信息。职业信息获取是进行职业生涯规划的前提和基础，职业信息的数量和质量关乎职业生涯决策。因此，职业信息获取至关重要。

当前职业信息的获取渠道主要分为两大类。一类是间接信息获取，主要包括学校的就业指导中心、政府的人力资源与保障部门、各地区的人才交流中心、招聘网站、校园招聘会、新闻传播媒体以及亲戚朋友等渠道，充分利用这些渠道可以获取大量职业信息。另一类是直接信息获取，通过生涯人物访谈、见习实习、社会实践等渠道获得第一手资料，能够对职业形成更加直观的认识。就目前而言，求职者较多通过招聘网站和校园招聘会获取职业信息。此外，由于职业信息众多，因此要想提高职业信息获取效率，就必须确定预期职业目标，从而增强职业信息获取的针对性。在确定预期职业目标的前提下，可以通过多种渠道收集职业信息，从而形成自己的职业信息库。随着自身的不断向前发展，要及时更新职业信息库。

(二)职业信息分析

职业信息往往较多，但并非都有用。因此，在完成对职业信息的大量收集之后必须对职业信息进行分析归类，找出适合自己的职业信息。对职业信息的评估可以分为客观条件和主观体验两个方面。就客观条件而言，对职业信息的分析可以运用PLACE法。P代表职位(position)，包括该职位的职务高低、主要职责、工作任务等。L代表工作地点(location)，包括地理位置、工作环境、通勤距离、安全性等。A代表晋升状况(advancement)，包括工作的发展前景、稳定程度、工作保障等。C代表雇佣条件(condition)，包括薪资待遇、工作福利、任职条件、进修机会、工作时间、休假情况。E代表入门要求(entry)，包括相关的教育和培训经历等。通过对这些客观条件的理性分析，从业者对预期职业目标更加清晰，对预期职业有更加全面的认识。就主观体验而言，对职业信息的分析主要考虑自己当前的状况、个人的主观感受以及身边亲戚朋友给出的参考意见，如父母、老师、朋友。

此外，在对职业信息评估的过程中要确保职业信息的及时性，注意职业信息的时间限制；确保职业信息的全面性，综合收集多方资料，做出科学合理决策；确保职业信息的真实性，要从职业信息获取渠道上进行分析，保证职业信息是通过正规渠道获得的。

四、自我定位与职业规划

科学合理的自我定位是进行职业生涯规划的基础,个体必须首先进行自我定位。自我定位是个体自身行为,要求个体首先确定自身预期的职业目标,然后科学估测自身与职业要求之间的差距,明确之后的努力方向,最终找到二者的结合点,实现自我能力与职业需求的匹配。个体的自我定位是个体充分发挥主观能动性的过程,是个体在明确与目标的差距之后,充分发挥主观能动性,不断缩小差距,提高自身的综合素质。

在引导教育对象自我定位的过程中通常会应用职业指导测评,主要包括三个方面,分别是职业兴趣测评、职业性格测评以及职业能力测评。测评结果能作为自我定位和职业生涯规划的依据。

(一)职业兴趣测评

在生涯教育中,教育者可以引导教育对象使用职业生涯测评手段进行职业兴趣的自我测评,明确自身的兴趣倾向。当前,职业兴趣测评共有兴趣表达、行为观察、知识测验以及兴趣测验四种途径。其中,兴趣测验在职业生涯规划中运用得较为普遍。兴趣测验的实质就是向测验对象提出一系列问题,要求其给出是否喜欢以及喜欢或不喜欢的程度,从而根据测验结果分析确定测验对象的兴趣倾向。

(二)职业性格测评

职业性格测评有多种方法,其中应用较为广泛的是MBTI(Myers-Briggs Type Indicator)职业性格测试。美国心理学家以荣格的心理类型理论为基础,经过长期研究提出了MBTI职业性格测试。MBTI职业性格测试主要用来衡量个体的心理活动规律和性格类型。当前，MBTI职业性格测试在全球范围内得到广泛应用，包含职业发展、职业咨询等多个方面。MBTI职业性格测试以调查问卷的形式呈现，并对调查结果进行初步分析，强调性格与职业的匹配。

(三)职业能力测评

职业能力测评在当前社会较为常见，各行各业都有各自特定的职业能力测评。例如，国家公务员考试就涉及行政职业能力测试。职业能力测评较为简单，通常是以量表的形式出现。职业能力测评一般采用五级量表，即强、较强、一般、较弱、弱。个体根据职业能力测评结果，可以判断自身能力与目标职业之间的具体差距。

第二节 个性化生涯教育

中国特色生涯教育除常规化生涯教育之外，还包含个性化生涯教育，二者相辅相成。生涯教育作为贯穿整个学生时代的一项持续性工作，应建立长效机制，追踪学生的成长历程，建立学生专属的职业生涯规划档案，利用数字技术手段为学生提供职业生涯规划的参考设计方案，促进学生的个性化发展。

一、个性化职业生涯规划指导课程

职业生涯规划作为一个动态的发展过程，必须尽可能较早引导学生进行个性化职业探索，引导学生对自身进行个性化的自我认知。个性化职业生涯规划指导课程在学生成长过程中至关重要。美国的职业学家休珀指出高中阶段（15～17岁）是职业发展的试验期，这个阶段可以开始进行择业尝试。由于近年来我国高考模式改革，必须让学生提早开始接受生涯教育，甚至从小学就开始接触职业生涯规划，从而提升学生职业生涯规划的意识和能力，实现学生自由而全面的发展。当前，开展职业生涯规划教育、开设个性化职业生涯规划指导课程已成为各学校进行职业生涯规划指导的重要方式和手段。个性化职业生涯规划指导课程重视对学生自我认知能力的培养，应为学生提供可选择的职业生涯规划指导课程，使学生选择适合自己的职业生涯规划指导课程。个性化职业生涯规划指导课程的建设离不开教育主管部门的配合。现阶段我国没有成立一体化的生涯教育机构，生涯教育主要依靠高等学校及职业学校就业指导中心的招聘会、座谈会等。从事职业生涯规划教育的指导教师也大都不是本专业出身，虽然对就业信息、职业决策等方面较为熟悉，但对于如何有效引导学生进行职业规划还需进一步提升自身的工作能力。因此，学校要加快职业生涯规划课程的探索与建设，加大人力、物力资源投入力度，增强学生的自我认知能力，满足学生的个性化发展需求，并引导学生树立正确的职业生涯观念。

个性化职业生涯规划指导课程的设立能够更好地满足现代职业发展的多样性需求，强调根据学生的兴趣、能力和目标，提供个性化的、更准确的、有针对性的职业生涯规划指导。一方面，个性化职业生涯规划指导课程往往包含多个模块，涵盖个体评估、职业兴趣探索、目标设定、规划制订等方面。学生可以系统学习关于职业生涯发展的知识和技能,深入地了解自己,通过测评、反思、讨论等方式,逐步明确自己的兴趣、优势和价值观,选择适合的职业方向,提升职业满意度。另一方面,个性化职业生涯规划指导课程可以提供实用的职业信息和技能。学生可以了解不同职业领域的就业前景、薪资水平、技能要求以及获得在职业发展中需要的技能,如沟通能力、人际关系管理等。个性化职业生涯规划指导课程可以更好地引导学生实现职业目标,并在竞争激烈的职场中脱颖而出。

二、个性化职业规划咨询与指导

(一)个性化职业规划咨询

个性化职业规划咨询主要是通过组建专业的职业规划咨询师队伍,设立专门的个性化职业规划咨询室,确定个性化职业规划咨询方案,以云计算、大数据等数字技术手段为辅助为不同受众提供个性化职业规划咨询建议。个性化职业规划咨询主要是通过启发教育、交流沟通等探讨的形式为个体提出有针对性的意见和建议,并回答个体提出的问题。个性化职业规划咨询包括职业定义、发展前景、薪资待遇、岗位设置等诸多内容;形式十分多样,既可以面对面交流,也可以利用网络、书信等形式交流;时间更为灵活,不受传统教学时间的影响。

个性化职业规划咨询一般来说时间不固定,受时间、地点因素的限制较小。学校在设立职业规划咨询日以及开通咨询热线时,为了更好地安排职业规划咨询师接受咨询,通常要事先明确咨询的时间和地点,通知有需求的学生进来咨询。此外,除学校组织的个性化职业规划咨询之外,校外也会有专门的商业性质的个性化职业规划咨询工作室。校外咨询工作室一方面要对学校提供的个性化职业规划咨询进行补充，减轻校内咨询师的压力；另一方面要注意校外专业咨询师与校内咨询师在职业规划上给出的不一致的指导意见，引导学生辩证看待分歧。

(二)个性化职业规划指导

开展职业规划指导，不能"一刀切"，要根据不同学生的年龄、性别、兴趣、性格、专业特长等因素，综合评估学生的综合素质，根据评估结果提供个性化职业规划指导建议。个性化职业规划指导分为三个步骤：首先，教师要对学生进行全面的职业综合测评，主要包含职业兴趣测评、职业性格测评、职业能力测评三个方面。通过分析学生的测评结果，教师可以明确每一名学生在职业选择过程中的优势和劣势，给每一名学生提供有针对性的指导意见和建议，从而尽可能地使每一名学生在职业生涯规划过程中能够最大限度地发挥自身的优势，回避自身的不足。此外，职业生涯规划教育主管部门还应该为学生建立职业生涯规划档案，持续追踪学生的个人成长。其次，开展个性化职业规划指导要加强家校合作，建立定期与家长沟通联系的机制，引导家长深入了解自己的孩子，发现孩子的潜能和特长，为孩子当好参谋，正确引导孩子择业。最后，学校要积极引导学生参与职业生涯规划，充分发挥学生的积极性、主动性，改善学生的学习效果；通过学生与教师的积极互动与配合，为学生确定更为理想的个性化培养计划与实施方案。

三、个性化职业生涯培养与实践

个性化职业生涯培养与实践是职业生涯规划教育领域的一个重要板块,强调根据个体的兴趣、能力和价值观,量身制订培养计划,并通过实际经验的积累来实现职业目标。这一板块赋予职业生涯规划教育个性化和实践性的特征,为个体在职业生涯规划中提供了更加贴近实际、有针对性的指导。通过个体评估、实践经验的积累、导师指导和终身学习,个体可以更好地实现预期职业目标。

(一)个性化职业生涯培养

个性化职业生涯培养作为当前教育和职业发展领域的热门话题,强调根据个体的兴趣、能力、价值观和目标定制个性化的培养模式,以更好地适应现代职场的需求。个性化职业生涯培养注重个体的独特性。每个人在兴趣、能力和价值观方面都有所不同,传统的"一刀切"方法难以满足他们的多样性需求。个性化培养从个体出发,根据个体的特点和目标,量身定制培养方案,使培训更有针对性、有效。个性化职业生涯培养要求准确评估个体的兴趣和能力,以制订合适的培养计划。常规的职业生涯规划教育相较于个性化职业生涯培养,通常更容易忽视个体的兴趣与优势,个性化职业生涯培养可以使个体形成更加明确的自我定位。当个体从事符合自己兴趣和能力的工作时,往往更容易感到满足和幸福,有针对性地挖掘自身的潜能,从而更准确地选择适合自身的职业方向。此外,随着社会的快速发展,行业和职业的发展变化迅速,有些传统岗位正在消失,新兴领域不断涌现,职业变革和市场需求变化不断加剧,加大了个性化职业生涯培养需求的力度,因此定制化的职业生涯规划可以更好地满足个体的需求。

(二)个性化职业生涯实践

个性化职业生涯实践强调个体根据自身的兴趣、能力和价值观,积极参与实践活动,以达到更有针对性和可持续的职业发展目标。职业生涯规划指导具有实践性。在完成系统理论知识学习的基础上,学生应主动参与职业生涯规划实践活动,获得更多的体验和心得,更加清楚地了解自己的兴趣和优势,从而更有信心地做出职业规划和决策,减少因主观臆断而导致的不确定性。职业生涯规划教育常局限于集体理论学习和集体实践;个性化职业生涯实践则强调通过实际经验来检验和完善职业目标,根据个体差异,分别通过实习、兼职、志愿服务等方式实现职业目标,使个体更加贴近职场,更好地了解实际工作环境和要求。

一方面,参与个性化职业生涯实践可以积累实际经验。个性化职业生涯实践强调个体通过实际工作、实习、志愿服务等方式,亲身感受不同领域的工作环境和要求。这种实践能够准确地揭示个体的兴趣和适应能力,从而指导个体做出合适的职业选择。另一方面,参与个性化职业生涯实践有助于自我发展和成长。通过实际参与,个体可以积累职业技能、发展人际交往能力和问题解决能力等,从而在职业发展中更具竞争力。

第三节 中国特色生涯教育的形式

中国特色生涯教育具有多样性与灵活性,可以通过课堂教学、实践操作、社会实习、职业规划辅导等多种形式完成。探索中国特色生涯教育的多元形式，更好地帮助学生认清自我、规划职业路径，实现个人价值与社会需求的有机结合，对于推进生涯教育具有重要意义；同时为学生的全面发展提供了更为丰富的路径选择。

一、理论与实践结合的生涯教育

英美等国家的生涯教育发展起步较早，目前较为成熟。英美等国家的中学生已经开始接受职业生涯规划指导。其中一部分学生初中毕业后就进入技术学校学习技能，日后从事技术工人工作；另一部分学生初中毕业后继续升入普通学校学习知识，并开始进行职业生涯规划，为未来预期职业选择进行专业预备课程学习。等到这一部分学生进入高等院校，就已经开始实施职业生涯规划的第一步，即一方面进行专业化理论学习，另一方面从事相关专业社会实践。在此背景下，英美等国家所培养的学生不仅具备职业所需的理论知识，还具备职业发展所需的实践能力。

（一）开发职业生涯规划指导课程

开发职业生涯规划指导课程是帮助学生更好地认识自己、制定职业目标并为未来职业生涯做好准备的重要途径。首先，针对不同年龄阶段学生开设差异化的职业生涯规划课程。针对小学生，引导他们了解和区分不同职业；针对初中生，可以从了解自己的兴趣、优势和价值观开始，引导其认识自身的特点；针对高中生，可以更加深入地探讨不同职业领域的特点和要求，帮助他们明确自己的职业目标；针对大学生，可以设置实习经验分享、职业技能培养等内容的课程，为进入职场做好准备。其次，将职业生涯规划课程融入跨学科项目，通过跨学科的方式帮助学生更好地了解职业的多样性和综合性。再次，结合实践活动，增强职业生涯规划课程的实用性，组织职场参访、职业展览、企业讲座等活动，让学生与职业实际接触，了解不同职业的实际情况。最后，通过采用个性化的辅导方式，为学生提供定制化的职业指导，更准确地帮助学生确定职业目标和计划。

(二)注重生涯教育实践探索

生涯教育实践探索是一种能够让学生在真实职场环境中学习和应用知识的重要方式。通过将理论与实际相结合，学生可以更好地理解职业需求，发展实际应用能力，并为未来职业发展做好充分准备。生涯教育实践探索的常见形式主要有实习、实践项目和课外活动、模拟职场环境、行业参观和企业讲座、跨学科项目等。这些形式能够帮助学生更好地进行自我认知，将课堂学到的知识应用于实际情境中，培养学生的实际操作技能，还让他们更好地了解职业要求和工作流程。此外，职业指导在实践探索中起着关键作用。学生常常需要面临职业选择、目标制定等问题，专业的职业顾问或导师可以为他们提供有针对性的指导和建议。通过一对一的咨询、职业测评等方式，学生可以清晰地了解自己的兴趣和优势。学校可以通过跟踪咨询、个人计划制订等方式，帮助学生确定适合自己的职业发展路径，从而做出明智的职业决策。生涯教育实践探索通过实践机会、职业指导、行业合作等多种形式，为学生提供了全面、实用的职业发展支持。这种综合性的教育模式有助于培养学生适应多变职场的能力，为学生的职业生涯铺平道路。

二、阶段性与整体性结合的生涯教育

生涯教育要保证阶段性与整体性的有机结合，实现生涯教育内容的循序渐进、螺旋上升。个体对职业的选择和规划是一个不断发展的过程，与之相应的职业生涯规划也是一个长期持续的过程，不是一蹴而就的。生涯教育的阶段性指的是不同学段间的生涯教育内容各不相同，教学内容的设置要依据教学大纲，要符合学生的身心发展规律和认知规律，保证各学段教学内容有所差异，防止教学内容的过度重复。生涯教育的整体性是指生涯教育是一个整体，大中小学各学段间的生涯教育应该循序渐进、螺旋上升，随着学生认知水平的不断提高，保证教学内容在具有差异性的同时保证教学内容的递进性，从而保证学段间的有序衔接。

生涯教育的对象不只是毕业生，也不只是大学生，而应该面向全体学生，贯穿学生的大中小整个教育阶段。大中小学应根据不同学段学生的身心发展规律、认知规律，开展差异化的职业生涯规划教育。与此同时，大中小学各学段间要加强沟通交流，注重不同学段间教学内容的循序渐进、有效衔接。因此，要坚持阶段性与整体性的有机结合，构建一体化的生涯教育机制。

一体化的生涯教育机制以学生的全面发展为目标。教育主管部门根据学生的身心发展规律和认知规律，统筹制定大中小学各学段生涯教育教学大纲，并要求各学校切实按照教学大纲，对学生开展生涯教育。各学校根据教学内容采取相应的教学方法，从而在整体上保证大中小学各学段生涯教育内容的循序渐进、螺旋上升，增强教学效果，切实提高学生的职业生涯规划能力。构建一体化的生涯教育机制突出强调统筹规划生涯教育工作，通过在大中小学各学段开设职业生涯规划指导课程，充分发挥课堂教学这一主渠道作用。小学阶段主要帮助学生了解一些常见职业及其主要职责，培养学生的劳动意识；中学阶段主要帮助学生发现自身特长，帮助学生树立职业平等观，引导学生形成个性化的预期职业目标；大学阶段主要帮助学生了解职业需求，为学生提供社会实践机会，让学生进行职业探索。可以通过职业生涯规划指导课程的讲授，帮助学生深入了解职业世界，提高学生的职业生涯规划能力，帮助学生选择更为适合自己的职业。除了课堂教学，还要有计划地引导学生参与实践活动，在实践中使每名学生形成个性化的预期职业目标库，为做好自身职业生涯规划打下基础。

三、多元主体参与的生涯教育

仅仅依靠学校开展生涯教育是远远不够的，必须构建一个多维度、立体式的职业生涯规划体系，引导学生树立正确的职业理念。多元主体参与的生涯教育是一种强调广泛参与和协同合作的教育模式，旨在促进学生需要全面发展并为学生未来职业生涯做好准备。在这种教育模式下，不仅需要学校和教育者发挥重要作用，还需要家庭、社区和企业等多元主体的积极参与。

(一)学校主导的生涯教育

学校和教师在多元主体参与的生涯教育中起着核心作用，不仅要负责传授学科知识，还要关注学生的个性、兴趣和职业目标。通过为学生提供职业规划指导、实习机会和实践项目，学校和教师可以帮助学生更好地了解不同职业领域，为其未来的职业决策提供支持。

(二)家庭参与的生涯教育

家庭参与的生涯教育是促进学生全面发展和实现学生职业发展的关键环节，家庭在塑造价值观、培养兴趣爱好以及开展职业规划方面扮演着至关重要的角色。家庭参与的生涯教育能够在学生的成长过程中产生深远影响。通过与家长的合作，学校可以更好地了解学生的背景和需求，为他们提供个性化的职业指导。家长的情感支持、职业指导和信息分享，都能够为孩子的职业发展提供有益的帮助。家庭和学校通过共同努力，可以更好地培养出适应多变职场的未来人才。

(三)社区参与的生涯教育

社区参与的生涯教育能够将社区资源与教育相结合，促进个体的职业发展和学习。它在培养人才、促进就业和社区发展方面都具有积极影响。一方面，社区参与的生涯教育能够帮助个体更好地了解自己的兴趣、优势和职业目标。社区作为一个多元化的环境，提供了丰富的职业选择和学习机会，能帮助个体在实践中发现自己的潜能。社区的专业人士可以提供实际的经验和建议，帮助个体准确地规划自己的职业道路。另一方面，社区参与的生涯教育能够弥补传统教育的不足。生涯教育应当与实际工作紧密结合。社区作为一个与现实生活紧密相关的平台，能够提供实际的职场技能培训和实践机会，有助于培养学生解决问题、合作与沟通的能力，使其更好地适应未来的职业挑战。

(四)企业参与的生涯教育

企业参与的生涯教育强调学校与企业之间的合作与协同,以培养适应现代职业需求的人才。企业不仅是职业生涯的终点,还是职业生涯的合作伙伴和指导者。一方面,企业参与的生涯教育能够将学校教育与实际职业需求更好地结合起来,有助于了解行业的发展趋势和技能需求。通过与企业的合作,学校可以调整课程设置,确保教学内容与行业需求保持一致,提升学生的职业竞争力。另一方面,企业参与的生涯教育可以使学生有机会在实习或实训项目中亲身体验职业生活,了解工作环境和工作流程。企业导师可以为学生提供实际职业经验和指导,帮助他们更好地规划职业发展路径。

四、线上线下相补充的生涯教育

由于时间和空间的限制,线下生涯教育已无法满足现实需求,线上生涯教育快速发展,线上线下相补充的生涯教育逐步受到重视。将线上和线下教育相结合,可以达到相互补充的效果,充分发挥二者的优势,为个体的职业生涯规划提供更全面、深入的指导和辅助,弥补线上教育在实践性方面的不足以及线下教育的时空局限性,提供更丰富的学习体验。多元化的学习方式能够更好地满足不同学生的需求。

(一)线上生涯教育

线上教育强调便捷性和灵活性。个体可以通过在线平台随时随地获取教育资源,不受地理位置和时间的限制。这对于那些有工作、家庭等责任的人而言,是一个极大的优势,使他们能够在忙碌的生活中仍然有机会进行职业学习和培训，为他们在职业发展过程中提供了更加灵活和个性化的选择。

线上生涯教育为个体在职业发展中提供了更多的便利。通过灵活的学习模式和丰富的学习资源，个体能够更好地为实现自己的职业目标制订规划，并获取所需的职业技能。线上生涯教育打破了时间和空间的限制，个体可以根据自己的时间安排，在任何地点都能够获取教育资源。线上生涯教育提供了丰富的学习资源，个体可以通过在线平台，获得不同领域专家的经验分享，获取实用的职业技能。线上生涯教育还能够根据个体的需求提供个性化的指导。通过测评、问卷调查等方式，系统能够分析个体的兴趣、能力和职业目标，从而为他们量身确定合适的职业规划和发展路径。这种个性化指导有助于个体准确地找到适合自己的职业方向。

(二)线下生涯教育

线下生涯教育在现代职业发展中扮演着重要的角色，它强调通过实体的课堂、工作坊、培训班等方式，为个体提供贴近现实、互动性强的职业培训和指导。这种教育模式在许多方面都具有优势。线下生涯教育强调实践经验的积累。通过实际参与、模拟案例等方式，个体能够深入地理解职业领域的具体操作和挑战，能够更好地培养个体的技能和解决问题的能力，为他们在实际职场中更好地应对挑战打下基础。此外，线下生涯教育还有助于建立人际网络。在培训、研讨等活动中，个体可以结识具备不同背景的人，拓展人际关系，以便获取职业信息、机会以及跨领域的合作。

第六章　中国特色生涯教育的目标功能体系

中国特色生涯教育根植于中国的教育土壤，旨在构建一个多层次、多维度的目标功能体系。这个体系不仅反映了国家对人才培养的深远考虑，也体现了教育对于个体成长、社会和谐与国家发展的深远影响。通过深入探讨其目标功能体系，我们可以清晰地认识到生涯教育在当今社会的重要地位。

第一节　国家发展是中国特色生涯教育的重要目标

国家发展与教育紧密相连，生涯教育作为国家人才培养体系的重要组成部分，旨在为服务国家发展大局培养高素质人才。通过培养具备专业技能和创新能力的人才，生涯教育不仅为我国经济建设提供了动力，也为我国国际竞争力的提升奠定了坚实的基础。

一、发展是解决我国一切问题的基础和关键

发展是解决我国一切问题的基础和关键，这一观点深

刻反映了发展在我国的现代化建设和社会进步中的重要地位。无论经济问题、社会问题、环境问题还是科技问题，都需要通过发展来寻找解决之道。我国作为世界上最大的发展中国家，面对百年未有之大变局，应当坚定不移地推进现代化建设。唯有通过持续的发展，才能有效解决当前社会面临的一系列问题，实现国家繁荣、人民幸福的目标。

发展是经济问题的根本解决之道。自改革开放以来，我国取得了跨越式的经济发展成就，国内生产总值在世界上名列前茅。随着经济的增长，国家的财政收入不断增加，为社会投入提供了强大支撑。经济发展不仅提高了国家的综合实力，还为改善人民生活水平创造了良好条件。通过发展，我国可以实现产业升级、就业机会增加、财富分配公平等目标，为解决经济问题奠定了坚实的基础。有了充足的经济基础，才能在教育、医疗、养老等领域提供更好的服务，缓解社会压力和不公平等问题。通过创造就业机会、提高人民生活水平、提供资源和财富、推动产业结构优化，发展能够有效地解决经济领域的各类问题，为国家繁荣和人民幸福创造更好的条件。

发展是社会问题的根本破解路径。社会问题常常根植于经济、文化、教育等多个领域，持续的发展可以为这些问题提供根本解决之道。随着城市化进程的加快和社会结构的变化，我国面临着教育、医疗、养老等一系列社会问题，通过实现发展，可以为每个人提供更多的机会，缩小城乡、地区之间的发展差距，投入更多资源用于社会建设，提高社会服务水平，改善教育、医疗、养老等领域，使人民享有更好的教育、医疗和养老条件，提高社会的整体幸福感和满意度，实现更加公平的社会分配。但需要注意的是，发展要充分考虑可持续性，避免因过快的经济发展而引发新的社会问题。

发展是提升国家文化软实力的关键推动力。发展不仅是经济的增长，还是文化的繁荣。在当前全球科技竞争激烈的背景下，只有不断加大对科技创新的投入，培养更多的科技人才，才能在国际上保持竞争力。与此同时，发展为文化的传承和创新提供了资源支持，为文化产业的兴盛提供了坚实的基础，也为文化产业提供了更广阔的发展空间，推动了文化多样性和创意产业的崛起，推动了中华优秀传统文化的弘扬和创新发展。国家在经济上的强大使文化领域获得了更多的资源和机会，从而创造出更多具有影响力的文化产品。在经济全球化的背景下，国家应当更加重视文化软实力的提升，使之成为国家发展战略的重要组成部分。

发展是解决环境问题的重要途径。随着工业化和城市化的发展，环境污染、资源浪费等问题日益凸显。但要看到发展也能为环境治理提供条件，通过科技创新，可以推动绿色能源的开发和应用，减少污染排放；通过产业升级，可以实现循环经济，实现资源的有效利用；通过教育和宣传，可以增强公众的环保意识，形成全社会共同参与环境保护的良好氛围。我国提出的"绿水青山就是金山银山"理念，正是发展与环境二者之间协调关系的体现。发展不仅可以推动解决环境问题，也需要在考虑环境问题的前提下进行。在发展的过程中如果忽视了环境保护，可能会导致资源枯竭、生态恶化等问题，从而威胁到人类的生存和健康。

二、国家的发展需要中国特色生涯教育

中国特色生涯教育旨在培养具备多样化技能和综合素养的专业人才。国家需要专业人才来推动各行各业的进步和创新，提升发展质量。具备多样化技能和综合素养的专业人才作为社会进步的桥梁，对国家的长期繁荣和可持续发展有着重要作用，有助于推动中国式现代化高质量发展。为了更好地满足国家的发展需要，我们需要加快推进中国特色生涯教育建设，加强和促进专业人才的培养和发展，使其在各个领域发挥重要作用，推动国家向着社会主义现代化强国的目标迈进。

国家的发展需要具备专业素质人才的支持。随着社会经济的发展和技术的变革，新兴行业大量涌现，社会越来越需要具备专业素质的人才。中国特色生涯教育旨在培养学生的综合素质、实际操作能力和创新思维，能够培养出各行各业符合国家需求的人才。一般来说，专业人才具备深厚的知识储备和专业技能，能够在不同领域的发展和管理中发挥重要作用。无论制造业、金融业、医疗卫生事业还是文化创意产业，都需要有丰富的专业知识和实践经验的人才来发展和管理。专业人才能够有效地组织资源，提高生产效率和管理水平，为各行业的发展注入源源不断的活力，为国家的繁荣发展提供有力支持。此外，专业人才也在解决社会问题和推动社会进步方面发挥着重要作用。例如，在环境保护、教育改革、医疗健康等领域需要专业人才来提供切实的解决方案。专业人才通过制定科学政策、开展研究，为国家的社会问题寻找切实可行的解决方法，

从而推动国家和社会的可持续发展。

国家的发展需要依靠中国特色生涯教育提升质量。中国特色生涯教育对国家发展的质量和可持续性有着深远影响。一方面，中国特色生涯教育对于提升国家的社会稳定和人民生活水平发挥着重要作用。良好的生涯教育可以培养出更多拥有职业道德、社会责任感的人才，推动社会公平与和谐，有助于减少社会不平等现象，增强社会凝聚力。高质量的生涯教育还有助于人们获取更好的薪资待遇和职业发展机会，提升整体生活水平，从而为国家的可持续发展创造良好的环境。另一方面，中国特色生涯教育有助于培养具备创新精神和创业能力的人才，为国家的科技进步、产业升级提供源源不断的动力，在科技创新和技术进步方面起到了关键作用。专业人才具备丰富的专业知识，能够深入了解前沿技术和研究方向。专业人才通过创新性的研究和实践，能够推动科学技术的突破，为增强国家的科技实力和创新能力提供强大支持，为国家创新驱动发展注入活力。

三、生涯教育是优化国家人力资源的重要路径

人力资源作为一种重要的社会资源，在社会发展中发挥着不可替代的作用。合理配置人力资源、发挥人力资源优势是实现社会可持续发展的重要前提。中国特色生涯教育在国家人力资源优化中扮演重要角色。提供个体化的培训、职业规划和注重综合素质培养，实现人才资源的优化配置，不仅可以帮助个体更好地规划和发展职业，也可以为国家提供更具竞争力和适应性的人才。国家的发展需要

将各行各业的人才配置得当，以推动社会各领域的协调发展。通过接受中国特色生涯教育，学生可以更好地了解自身的兴趣和优势，选择适合自己的职业道路，从而更加精准地满足国家的人才需求。

随着社会的发展，职业环境不断变化，一些传统职业逐渐消失，新兴行业大量涌现。在这种背景下，中国特色生涯教育可以帮助个体及时了解市场需求，获得与时俱进的技能和知识，从而更好地适应新的工作挑战。从教育角度来看，中国特色生涯教育有助于提高个体在职场中的竞争力和适应能力。个体通过了解自身的兴趣、优势和目标，可以有针对性地选择培训和教育路径，从而更好地发展自己的职业生涯，有助于避免盲目跟风，使自身的努力更具有针对性和长远性。

中国特色生涯教育在助力社会人才供给与需求相匹配方面发挥着关键作用。随着社会的发展，现代职场不仅需要人才具备专业知识，还需要人才具备跨领域的综合素质。中国特色生涯教育通过引导学生了解自身的兴趣、优势和价值观，帮助学生了解市场需求、掌握多元技能、进行职业规划以及发展学习和适应能力，使学生更好地适应职场，从而为社会提供多样化的人才。提供定制化的培训和指导有助于实现人力资源的合理配置，减少人力资源浪费，促进经济和社会的可持续发展。

中国特色生涯教育是提高社会人力资源质量的关键一环。中国特色生涯教育强调促进学生全面发展，使他们不仅具备专业知识和技能，还具备创新思维、团队协作和问题解决的能力。这种高素质的人才对于推动各行各业的发展、提升社会整体竞争力至关重要。中国特色生涯教育通过在培养综合素质、职业规划能力等方面的努力，帮助个体更好地适应职场，更具竞争力。高质量的人力资源将推动各行各业的创新发展，助力整个社会实现持续的进步。因此，加强中国特色生涯教育，提升人力资源的质量，对于社会的可持续发展具有重要意义。

四、国家的发展对中国特色生涯教育提出要求

国家的发展需要专业人才的支持和引领，中国特色生涯教育作为培养专业人才的重要手段，发挥着重要作用。在现代社会中，国家的发展对中国特色生涯教育提出了多方面的要求，涵盖人才培养、经济繁荣、社会进步等多个层面。

就人才培养而言，国家的发展要求中国特色生涯教育注重人才培养的多元化。现代社会对人才的需求涵盖了不同领域、不同层次，培养多元化的人才已成为当今时代的迫切需求。因此，为满足不同领域、不同层次的人才需求，国家的发展要求人才培养的多元化，以适应复杂多变的社会现实。人才培养的多元化是国家发展的必要条件，国家不仅需要培养科技人才，还需要培养技工、中层管理人才等不同层次的人才。人才培养的多元化能够满足不同岗位的需求，实现人才供给的全覆盖。人才培养的多元化也体现在注重个体的特点上，包括性别、民族、地域、文化等。培养多元化的人才能够实现社会的包容性和多样性，实现全体人民的共同参与和发展。具备不同技能和能力的人才都是国家发展的重要组成部分，人才培养的多元化能够为

国家的发展提供更加丰富的资源和动力，使国家在全球竞争中保持优势地位。

就经济繁荣而言，国家的发展要求中国特色生涯教育与经济发展相协调。在国家的发展过程中，中国特色生涯教育与经济发展之间的协调是至关重要的。生涯教育作为培养人才的关键手段，应与经济发展趋势相一致，以满足人才需求，促进国家的经济繁荣。随着经济结构的不断优化和科技创新的推进，不同领域对人才的需求也在不断变化。中国特色生涯教育需要紧密关注产业变革和技术创新的趋势，紧密关注经济结构的优化、政府的产业政策和发展战略，提前预测职业需求，调整培训内容，培养掌握前沿技术和知识的人才，为新兴产业和高科技领域提供支持。中国特色生涯教育也要注重培养创新和创业能力，创新是经济发展的重要引擎，创新能力的培养需要从教育入手。中国特色生涯教育应当重视培养人才的创新思维、实践能力，为国家的创新驱动发展战略实施提供强有力的支持。

就社会进步而言，国家的发展要求中国特色生涯教育注重社会责任和社会效益。个体不仅要为自身的职业发展道路负责，还应当考虑自身在社会中的角色和影响。中国特色生涯教育应当培养个体的社会责任感，促使他们在职业发展中不仅关注自身的利益，也关注社会的可持续发展。通过培养社会责任意识，中国特色生涯教育可以引导个体在职业生涯中更加注重社会的影响，积极参与社会公益事业。中国特色生涯教育应当引导人们认识到自己的技能和知识如何为社会创造价值，从而激发他们追求社会效益的动力，使他们的职业发展与社会的可持续发展相互融合，为国家繁荣和社会进步做出贡献。

第二节　中国特色生涯教育致力于推动社会进步

社会进步离不开教育的推动，加强生涯教育是推动社会进步不可或缺的一环。中国特色生涯教育通过引导学生认识自我、规划未来，参与社会实践，在帮助学生实现个人价值的同时，推动社会进步。其实质是通过提升个体的职业素养和综合能力，推动社会进步。

一、生涯教育以社会进步为目标：个体发展推动社会进步

中国特色生涯教育作为我国教育体系的重要组成部分，旨在培养个体在职业生涯规划中所需的知识、技能和素养，以实现个体发展和社会进步的有机结合。中国特色生涯教育以推动社会进步为目标，通过提高劳动力素质、促进社会平等、激发创新精神和弘扬社会价值观，为社会的可持续发展和进步做出积极的贡献，不仅服务于个体的职业生涯规划，还有助于构建更加平等和公正的社会结构。

中国特色生涯教育能够提高劳动力的素质和竞争力。现代社会的技术和产业环境日新月异，要求劳动力具备多样化的技能。生涯教育在提高劳动力素质和竞争力方面扮演着关键的角色，通过提供多样化的培训，为劳动力提供了持续学习和发展的机会，使劳动力能够更好地适应职场

变化，提升自身价值，有助于提高整体劳动力水平，促进产业升级和经济增长。通过接受中国特色生涯教育，劳动力可以不断学习新知识，更新技能，适应不同岗位的要求，保持与职场的同步；劳动力可以增强自身的关键软技能，如领导力、沟通能力和团队合作，这些技能在现代职场中变得越来越重要。通过增强这些软技能，劳动力能够更好地与同事合作，解决问题，提升整体工作效能。

中国特色生涯教育在打破社会群体固化方面发挥着积极作用。中国特色生涯教育强调机会平等，不同社会群体都能够获得自我发展和职业成功的机会。个人可以根据自身的兴趣和优势，制订明确的职业发展计划。这种计划能够引导个人跳出传统的社会群体限制，朝着自己的目标前进，实现更高层次的职业成就，打破社会群体固化，从而促进社会的公平与包容。每个人都有机会通过学习和培训提升自己，进入更高层次的职业领域。通过掌握技能、知识和形成态度，人们可以凭借自身的努力和才华实现职业成功，而不是依赖于家庭背景或社会地位，有助于减少社会的不平等现象。中国特色生涯教育促进了社会的多元化和包容性。通过接受培训和教育，不同背景的人们可以相互学习和交流，增进理解和尊重，有助于建立一个更加和谐和平等的社会环境。

社会创新活力是当今社会发展的关键要素之一，中国特色生涯教育在增强社会创新活力方面扮演着重要角色。生涯教育通过培养创新思维、自主学习能力和问题解决能力，为个体和社会发展注入新的动力。与此同时，中国特色生涯教育也鼓励个体在实践中不断试错。创新需要勇于尝试，但也可能伴随失败。通过接受中国特色生涯教育，个体可以更好地理解失败的价值，从中汲取经验教训，不断改进和创新，从而激发整个社会的创新活力。中国特色生涯教育为社会创新创造了良好的环境和条件。全社会应共同重视生涯教育，培养更多具有创新能力的人才，推动社会不断创新、进步和发展。

中国特色生涯教育有助于提高职业道德和社会责任感，不仅培养了个体在职场中的道德意识，还引导他们关注社会责任，从而推动整个社会的积极发展。中国特色生涯教育强调职业道德的重要性，个体在职场中的行为和决策往往影响着企业、同事以及整个社会。个体要充分了解什么是正确的行为准则，如诚信、公平、诚实等，从而在职业生涯中遵循这些道德标准，维护职场的公平与和谐。中国特色生涯教育鼓励个体树立积极的社会责任感。个体不仅要关注自身职业发展，还应当考虑自己的行为对社会的影响。个体要充分认识到自己在企业和社会中的角色，关注社会问题，并积极参与社会难题的解决。中国特色生涯教育强调团队合作的重要性，通过培养个体的合作能力，引导个体理解和尊重他人，努力实现共同的职业目标。这种合作意识能够扩展到社会层面，推动个体在更广泛的范围内发挥积极作用。

二、生涯教育作用于社会：个体发展与社会需要相结合

中国特色生涯教育将个体发展与社会需要相结合，旨在实现个体的成长与社会的进步。个体发展与社会需要的

结合是为了实现个体与社会的双赢，这一双赢体现在职业发展、教育培训、创新创业等领域。个体需要考虑自己的兴趣、能力和价值观与社会的需求相结合，在平衡中持续调整，以实现共同的发展目标，为社会创造可持续发展的机遇。这种结合不仅有助于实现个体的发展目标，也为社会的进步提供了更多有力的支持。但需要注意的是，个体发展与社会需要的结合并不是二者的简单叠加，而是不断寻找二者的最佳结合点。现实生活中会出现个体兴趣与社会需求不一致的情况。在这种情况下，个体需要适当地调整自己的发展方向，以使自身的发展与社会的进步相互融合。与此同时，社会也需要为个体提供多样性的发展空间，鼓励创新、鼓励个体发展出与众不同的特长，从而找到二者的最佳结合点。

在职业发展方面，实现个体的兴趣、能力和价值观与社会的职业需求的结合。个体的兴趣、能力和价值观与社会职业需求相结合是一种理想的状态，旨在满足个体的需求和实现社会的有效运转。个体应该深入了解不同行业的发展趋势，选择与自身特点相符的职业道路。这种结合有助于个体实现职业目标，提高工作的幸福感和满意度。当一个人从事自己感兴趣的工作时，工作将不再是单纯的义务，而是一种乐趣。这种内在动力将激励个体更加努力地工作，从而提升工作表现和职业成就；也有助于个体成为社会需要的适应性强、创新能力高的人才。当个体在自己感兴趣的领域工作时，更有可能产生创新思维。这种创新思维可以推动社会不断进步和发展。在职业选择和发展中，我们应该不断探索，找到能够将个体兴趣与社会职业需求相结合的最佳途径，从而实现个体与社会的双赢。

在教育培训方面，实现个人的学习兴趣与社会人才素质的匹配。个人的学习兴趣与社会所需人才素质的匹配是教育和职业发展中至关重要的因素，不仅有助于个人的成长，也对社会的发展产生积极影响。在现代社会，技术和知识的快速发展使人才需求不断变化。这需要个人具备持续学习和适应的能力。因此，个人的学习兴趣与社会人才素质匹配不是一次性完成的事情，而是一个持续的过程。个人需要不断地了解社会的发展趋势，更新自己的知识和技能，以保持与社会需求的匹配。个人的学习兴趣与社会人才素质的匹配是一项重要的任务。个人的学习兴趣可能在短期内并不与社会需求完全吻合，要在学习和职业规划中做出妥协和调整，找到二者的平衡点。

在创新创业方面，实现个人创意与社会需求的紧密结合。个人创意与社会需求的紧密结合是推动社会进步和创新发展的关键因素之一。创意是源自个人独特思维和创造力的表现，社会需求体现了人们对解决现实问题和提升生活质量的迫切需求。创业者可以关注社会存在的问题和需求，将个人创意与社会需求相结合，提供有益的创新解决方案。这不仅能够为个人带来成就感，还能够推动社会朝着先进、便捷和可持续的方向发展。个人创意与社会需求的紧密结合是推动社会进步的重要力量。创意能够引领社会寻找新的解决方案，满足不断变化的需求，激发创新，促进经济发展。因此，鼓励个人发挥创意，将其与社会需求相结合，不仅有助于个人的成长与发展，也能够为整个社会创造更多的机遇与福祉。

三、生涯教育促进社会发展：建设和谐社会

中国特色生涯教育不仅是个体职业发展的辅助手段，还能促进社会的可持续发展。中国特色生涯教育通过提升人力资源质量、缩小职业差距、提高社会稳定性和促进社会公平，创造有活力、均衡和稳定的发展环境，促进社会发展与进步。

中国特色生涯教育有助于提升社会的人力资源质量。在职业生涯发展中，个体需要根据自身兴趣、优势和市场需求来规划职业道路。中国特色生涯教育通过提供系统的职业规划指导，使每个人都能够有针对性地提升自身的素质。国家或社会的发展在很大程度上依赖于其人力资源的素质和能力。中国特色生涯教育通过为个体提供全面的职业规划指导、多样化的培训机会，使其能够具备更多的实用技能，更好地满足市场需求，不仅有助于提升个体的整体素质，还为社会培养了具备创新能力、适应能力和领导才能的人才，从而为推动经济发展和社会进步注入了强大动力。

中国特色生涯教育有助于缩小社会职业差距。社会中存在不同职业领域之间的差距，有些行业更受欢迎，而其他行业面临人才短缺问题。在过去，学生可能仅了解少数热门行业，而对其他行业了解有限。中国特色生涯教育通过提供多样的职业选择、鼓励个体根据兴趣和能力选择职业、掌握多元化的职业技能、促进人才供需平衡以及形成适应能力，拓宽了个体的职业视野，引导个体认识自己的特长和兴趣，了解不同行业的发展趋势和需求，能够选择

适合自己的职业方向，减少因盲目从众而造成的职业差距。中国特色生涯教育不仅有助于平衡人力资源的分布，减少人才供需失衡的情况，还能够促进社会的均衡发展，实现人才资源的优化配置，为构建和谐、平衡的社会环境做出积极贡献。

中国特色生涯教育可以提高社会稳定性，促进社会公平。中国特色生涯教育通过帮助个体实现职业规划目标、提供必要的技能培训、强调综合素质的培养、提高职场适应能力以及提供就业机会，在提高社会稳定性方面发挥着重要作用。当个体能够了解自己的优势和兴趣，做出明智的职业选择时，则有可能在自己所从事的领域取得成功，减少了在职业生涯中的不确定性，从而为社会创造稳定的就业环境。中国特色生涯教育在促进社会公平方面扮演着关键角色，通过为各个群体提供平等的机会、资源和支持，消除不平等现象，使每个人都有平等的机会追求职业成功，从而创造公平的社会环境；使每个人都有平等的机会实现自己的职业梦想，为社会的公平发展做出积极贡献。

第三节 中国特色生涯教育追求个体充分发展

实现个体的充分发展是中国特色生涯教育的核心目标之一。中国特色生涯教育尊重每一个学生的独特性和差异性，通过提供个性化的职业规划和专业化的技能培训帮助学生实现自我的精准定位，找准发展方向，实现自我价值的最大化。

一、生涯教育注重培养个体的综合素质

中国特色生涯教育作为一种新兴的教育形式,对于促进学生发展具有显著的作用。中国特色生涯教育能帮助学生明确职业目标,给学生提供职业生涯规划指导,助力学生实现全面发展;使学生在职业生涯中有自信,能够应对各种挑战。因此,中国特色生涯教育在促进学生发展中发挥着不可替代的作用。

中国特色生涯教育在帮助学生明确职业目标和方向方面发挥着重要作用。随着社会的发展和职业选择的多样化,学生需要系统和有针对性地规划自己的职业生涯。在追求个人发展的过程中,明确的职业目标是成功的第一步。通过接受生涯教育,学生可以了解自己的兴趣、特长和价值观,从而准确地确定适合自己的职业方向。生涯教育不仅有助于学生认识自己,还能够为其提供清晰的职业发展蓝图,避免学生盲目选择,从而让学生高效地投入职业发展。此外,职业生涯是一个持续的过程,需要个体具备规划和适应变化的能力。中国特色生涯教育可以引导学生如何设定短期和长期的职业目标,制订实现这些目标的具体计划。这种规划能力不仅能够帮助学生管理自己的职业生涯,还能够让学生在变化多端的职场环境中应对挑战。通过自我认知、职业信息获取和职业规划能力的培养,学生可以明确自己的职业发展目标,有信心和能力去追求自己理想的职业道路。中国特色生涯教育不仅有助于学生个人的成长,也为社会的人才培养和职业发展做出积极的贡献。

中国特色生涯教育注重培养学生的综合能力。在职业

生涯中，个体需要自我管理，不断提升自己以适应不同发展阶段的需求。中国特色生涯教育通过引导学生确定职业目标、规划发展路径，培养其自我激励和自我管理的能力，从而帮助学生更好地实现职业成长。除了具备专业知识和技能，学生还需要具备更广泛的技能和素质，以适应职场的挑战。中国特色生涯教育在培养学生的综合能力方面发挥着重要作用。中国特色生涯教育与传统教育不同，更注重实际操作和实际问题解决能力的培养，通过模拟实际工作环境、实践项目等方式，引导学生学习并应用实际技能，提升操作能力；通过小组项目、演讲培训等方式，促使学生学会有效地与他人合作和交流；通过引导学生思考新颖的解决方案，培养其创造性思维，以及在面对挑战时能够迅速找到有效解决方法的能力。通过实践技能、团队合作能力、创新思维和自我管理能力的培养，学生能够适应职业发展的需求，提升在职场中的竞争力和影响力。

中国特色生涯教育强调学生的终身发展。职业生涯是一个持续的过程，个体需要不断调整和修正职业目标。中国特色生涯教育将关注点从短期职业目标转移到长期职业规划，鼓励学生持续学习，提供不同阶段的培训和指导，为学生提供持续学习和成长的机会。这种教育理念有助于学生适应快速变化的职业环境，提升学生的职业竞争力和适应能力。随着科技和产业的发展，职业领域的知识和技能在不断更新。中国特色生涯教育强调终身学习的重要性，鼓励学生积极参与培训、学习课程和接受持续教育，增强学生的适应能力、创新思维和问题解决能力，以保持自身的专业竞争力，并在职业发展中保持活力。通过不断学习、调整职业目标等，学生能够应对职业生涯中的挑战，在不同的职业领域和角色中都能表现出色，实现持久的职业成功。

二、生涯教育引导个体适应职业发展变化

中国特色生涯教育在帮助学生适应职业发展变化、增强职业生涯规划意识方面具有重要作用。它通过培养学生的综合素质和能力、引导学生进行职业生涯规划、促进学生的实践经验积累以及培养学生的职业道德和素养，引导学生应对职业生涯领域的变化，提升学生在职场中的竞争力和发展潜力。

中国特色生涯教育注重培养学生的综合素质和能力，使其具备更好的职业适应力。随着科技的不断进步和产业的变革，许多职业都在不断发生变化，新兴职业不断涌现，培养学生的学习能力、创新能力和适应能力，适应职业需求变化变得尤为重要。中国特色生涯教育强调自我认知和自我管理能力的培养，引导学生做好全面的职业准备，使其能够在未来的职业生涯中应对各种挑战。学生通过职业规划和自我评估，了解自己的兴趣、优势和弱势，从而确定职业目标。这种能力有助于学生在职业选择和发展过程中做出明智的决策，避免盲目从事与个人兴趣不符的工作，不仅有助于学生的职业发展，也为整个社会的可持续发展注入了源源不断的活力。

中国特色生涯教育注重引导学生进行职业规划，明确职业目标。中国特色生涯教育不仅是帮助学生选择合适职业的工具，还是全面培养学生素质和能力的重要途径。通

过接受生涯教育，学生可以在职业发展的过程中发展多方面的素质和能力，更好地应对未来的职场挑战。学生在接受生涯教育的过程中，通过职业咨询、职业测评等方式，明确自己的兴趣、价值观、优势和弱势，形成清晰的职业规划，更好地选择适合自己的职业方向，提高职业成功的可能性；通过发展自我认知能力、学习能力、人际交往能力、问题解决能力和职业道德等，实现个人职业发展的同时为社会的繁荣进步做出贡献。

中国特色生涯教育注重促进学生的实践经验积累。理论知识的学习固然重要，但实际操作能力同样不可或缺。中国特色生涯教育的核心目标之一是帮助学生更好地适应职业发展的需求，注重学生参与实践活动是实现这一目标的重要途径。学生通过参与实习和实践活动，可以更好地了解自己所选择的职业领域，获得真实的职场体验，发现自身的优势和兴趣，积累实际工作经验，形成实际操作能力、解决问题的能力。这些能力和素质将为学生未来的职业发展奠定坚实的基础，可以帮助学生适应职业发展的变化，为未来的职业发展做好充分准备，增强职场竞争力。

中国特色生涯教育注重培养学生的职业道德和素养。职业道德是指在职业活动中遵循的道德准则和价值观，不仅关乎个人的职业操守，也涉及整个社会的和谐发展。职业道德是职业成功的基础，它能够帮助个体在职业发展中赢得他人的尊重和信任。只有具备良好的职业道德，个人才能够在职场中实现长远的职业目标。职业不仅是为了谋生，还是为社会创造价值。职业发展过程中常常涉及道德和伦理的考验，如诚信、责任、公平等方面的问题，职业道德培养至关重要。学生需要学会处理职业中的伦理和道德问题，培养职业操守和职业道德。通过形成正确的职业价值观、处理伦理和道德问题、提升社会责任感、建立良好的人际关系，学生可以成为有责任感、有职业道德的专业人才，为社会的和谐与发展做出积极贡献。

三、生涯教育挖掘个体的潜能

生涯教育作为人力资源开发的重要组成部分，在培养和发挥人力资源优势方面具有重要功能。中国特色生涯教育通过挖掘个体潜力、提升人才素质、培养国际竞争力、减少人才资源浪费，为国家创造了人才资源，充分发挥了人力资源优势，优化了社会资源的合理配置。

中国特色生涯教育有助于挖掘个体潜力。每个人都有独特的天赋、兴趣和优势，但这些往往需要在实际职业发展中得到挖掘和发展。通过接受生涯教育，学生可以了解自己，找到与自身特点相符的职业方向。当学生能够找到与自身特点和兴趣相符的职业方向时，更有可能在职业发展中取得成功，获得职业满足感，从而实现个人潜力。中国特色生涯教育通过帮助学生适应职业发展变化、为学生提供职业规划和技能培训、培养学生的综合素质、促进人才合理分配、提高职业满意度和忠诚度，为社会提供了具备创新力、适应力和领导力的人才，在提升社会人力资源质量方面发挥着重要作用，为社会的可持续发展提供了有力支持。

中国特色生涯教育有助于提升人才素质。生涯教育作为培养人才的关键环节，不仅是为了帮助个体选择适合的职业，还是为了提高人才的综合素质。现代职场对于从业者综合素质的要求越来越高。从业者不仅需要具备专业知识和技能，还需要具备创新能力、领导能力、团队合作能力等，以便适应技术和行业的变化。通过接受中国特色生涯教育，学生能够在专业知识和技能、创新能力和解决问题能力、自我管理和职业规划能力，以及职业道德和社会责任感方面得到提升，在职业发展中更具竞争力，从而更好地应对职场挑战，为自身职业发展打下坚实的基础。

中国特色生涯教育有助于培养国际竞争力。随着经济全球化的深入发展，国际竞争愈加激烈。在国际职场中，学生需要与具备不同文化背景的人合作，有效的跨文化交流能力变得尤为重要。中国特色生涯教育能够通过提供国际化的课程和培训，培养具备跨文化交流能力、全球视野和多语言能力的人才，使其能够在国际舞台上脱颖而出。中国特色生涯教育通过与国际企业、组织合作，为学生提供国际化的培训和实践机会，让学生获得真实的国际职场经验，提升学生的国际竞争力，增强其在国际舞台上的信心和能力，为国家的发展和创新注入活力，推动整个社会朝着更加国际化、多元化的方向迈进。

中国特色生涯教育有助于减少人才资源浪费。中国特色生涯教育通过帮助学生认识自己、提供职业信息和指导、提供有针对性的培训和发展机会、引导职业规划，以及培养职业适应力，使学生能够准确地找到适合自己的职业方向；不仅有助于学生的职业发展，也为整个社会节省了宝贵的人力资源。一方面，有些人在选择职业时缺乏足够的信息和指导，可能导致在不适合的领域迷失多年。提供个性化职业规划咨询与指导，可以帮助学生更早地找到适合自己的职业方向，避免在错误的领域浪费时间和资源。另一方面，不同职业领域的需求和供给存在不平衡。有些领域可能人才短缺，而其他领域可能人才过剩。通过提供详细的职业信息和指导，中国特色生涯教育能够引导人才在各个领域进行合理的分配，减少人力资源浪费。

第七章　中国特色生涯教育的文化价值体系

中国特色生涯教育有着深厚的文化价值基础。首先，中华优秀传统文化是中华文明瑰宝，必然体现着中华优秀传统文化中蕴含的价值观念。其次，中国特色生涯教育必须传承红色基因，传承中国共产党革命精神。再次，与西方生涯教育不同，中国特色生涯教育弘扬新时代集体主义。最后，社会主义核心价值观使中国特色生涯教育具有当代中国的文化价值。

第一节　中华优秀传统文化孕育中国特色生涯教育的文化价值

2016年，习近平在哲学社会科学工作座谈会上指出："要按照立足中国、借鉴国外，挖掘历史、把握当代，关怀人类、面向未来的思路，着力构建中国特色哲学社会科学，在指导思想、学科体系、学术体系、话语体系等方面充分体现中国特色、中国风格、中国气派。"[1]这一讲话为从中华

---

[1] 习近平：《在哲学社会科学工作座谈会上的讲话》，15页，北京，人民出版社，2016。

优秀传统文化中汲取营养、着力构建中国特色生涯教育指明了方向。

一、中华优秀传统文化融入生涯教育的必要性

西方职业生涯规划教育理论的局限性、推进社会主义现代化建设、推动生涯教育的中国化，急需中华优秀传统文化融入生涯教育，为中国特色生涯教育提供中国元素。

(一)突破西方职业生涯规划教育理论的局限性

职业生涯规划教育理论来自西方，与中国的现实国情不完全相适应，并且需要随着时代的发展而发展。首先，西方职业生涯规划教育是围绕个人利益至上的价值观展开的。这与我国传统的"家国天下""修齐治平"等价值观有着巨大差距，也不符合现今的社会主义核心价值观。其次，西方职业生涯规划教育中使用各种测评技术来分析人格特质。作为职业规划的重要依据，这种测评对于了解自我、了解职业倾向是有益的，但过度依赖则会导致忽视人的主体性的问题。这与我国以人为本的理念、与培养德智体美劳全面发展的社会主义建设者和接班人的目标相违背。最后，帕森斯的人职匹配理论对我国生涯教育的影响深远。国内使用的大部分教材都是按照探索自己、探索职业、确定职业目标、制定职业生涯规划方案、分阶段实施、评估调整六个方面来编排的。虽然将个人特质和职业特质进行对比匹配可以实现理想上的最优配置，但是这种匹配具有功利化的倾向，并且现今混合型的职业并不能够以简单的词语概括。综上所述，我国要对西方职业生涯规划教育理论进行创新，突破西方职业生涯规划教育理论的局限性，

构建中国特色生涯教育理论。

(二)推进社会主义现代化建设

党的二十大报告强调教育、科技、人才是全面建设社会主义现代化国家的基础性、战略性支撑,要深入实施科教兴国战略、人才强国战略、创新驱动发展战略,加快建设教育强国、科技强国、人才强国。

首先,通过中国特色生涯教育,培养各类人才,实现各行各业的创新,推进各领域的现代化。这是实现教育现代化的途径,也是实现人的全面发展这一目标的重要方式。其次,少数学生受到西方个人主义价值观的影响,在职业规划方面过于功利化,意志力缺失,迫切要求中国特色生涯教育改变就业观念,推进就业结构的优化。最后,生涯教育会被误解为职业教育或窄化为就业教育。中国特色生涯教育要抓住重点,全面统筹,避免简单化。综上所述,中国特色生涯教育必须锚定培养目标、突出中国特色,培养各行各业的专业人才、培养社会主义建设者和接班人,不应偏离社会主义办学方向。

(三)推动生涯教育的中国化

在经济全球化的当下,各种文化思潮相互交流、相互交融。但一种文化、一种思想要想在当地发展壮大、生根发芽,就要与当时当地的国情结合、与文化传统结合,进行本土化构建。生涯教育更是如此。在存在差异和局限性的情况下,我们需要从中国的现实国情、中华优秀传统文化中寻找创新优化的空间,逐步构建具有鲜明中国特色、中国风格、中国气派的生涯教育体系,打造中国话语体系。博大精深的中华优秀传统文化是我们在世界文化激荡中站稳脚跟的根基，其中蕴含的"修齐治平""知行合一"等价值理念是克服西方职业生涯规划教育理论不足的关键一招。

二、中华优秀传统文化融入生涯教育的可行性

1976年，舒伯提出生涯是生活中各种实践的演变方向和历程，它统合了人一生中的各种职业和生活角色，并由此表现出个人独特的自我发展形态，从而开创了职业生涯发展理论。职业生涯指整个人生的发展，不仅包括职业方面，还包括生活的其他方面。因此，职业生涯不仅是心理现象，还是社会和文化现象。这一发展态势为中华优秀传统文化融入中国特色生涯教育提供了基础。

中华优秀传统文化是中华民族在长期生产劳动、生活交往中逐渐积淀而成的，是中华儿女内心的精神血脉基因，潜移默化地影响着人们的内在思维和外在行动，铸就了中国人民独特的精神世界和日用不觉的价值观，浸润于人们的职业理想、职业价值观、职业道德和职业规范之中。

第一，立志是中华优秀传统文化中的重要内容，是古代仁人志士为人、做事、成才的基础。从中华优秀传统文化中汲取"立志"智慧，激励青少年树立远大的人生理想，担负中华民族伟大复兴的使命，对于构建中国特色生涯教育具有重要意义。孔子在《论语》中这样说道："吾十有五而志于学。"青少年正处于确立志向的关键时期，理应明确自己的志向，并以此为指引，制订长期的发展规划。陆九渊说："人惟患无志，有志无有不成者。"立志作为一种积极的自我驱动力，推动着个人勇往直前，不懈地追求自己的人生目标。所谓"有志者事竟成"，在职业生涯上取得成功

大概率的事。反过来说,"志不立,天下无可成之事"。如果没有坚定志向的指引,人就容易陷入迷茫,缺乏定力,难以成大事。立志就要眼界开阔,敢于追求远大的理想。张载说过"横渠四句",即"为天地立心,为生民立命,为往圣继绝学,为万世开太平"。林则徐说过"苟利国家生死以,岂因祸福避趋之"。这些名言都启发我们,有理想、有抱负的中国青年要担负起历史赋予的光荣使命,心怀家国天下,不忘初心使命。即使每个人的人生目标有差异,职业选择也有差异,但是只有把自己的"小我"融入祖国的"大我"、人民的"大我",才能够让生命在岁月长河中发光。

第二,自强不息是中华民族宝贵的精神财富。"天行健,君子以自强不息",体现了中国人积极进取的人生态度。"自"体现了主体的能动性,"强"体现了坚韧不拔的意志力,"不息"体现了持续性。"富贵不能淫,贫贱不能移,威武不能屈""大禹治水""愚公移山"这些古语和典故都传承着自强不息的精神品格。任何艰难险阻都不能打败中华儿女,都不能阻挡中华民族前进的步伐。人在一生的职业生涯中,作为自己的主人,能够不断地学习,不断地提升和完善自己,战胜自己的弱点,迎接更多更艰巨的挑战。树立不断进取的职业态度,是克服求职过程中和职场中困难的法宝,也是推动职业生涯不断向前发展的不竭动力。

第三,勤奋是中华民族的传统美德。中华民族勤于劳动、勇于奋斗,创造出了灿烂的文明,历经沧桑而生生不息。"民生在勤,勤则不匮"告诉我们,勤劳奋斗是创造物质财富的源泉。"功崇惟志,业广惟勤""业精于勤,荒于嬉"告诫我们,无论学业还是事业都需要勤奋拼搏,才能取得成功。面对社会上流行的"躺平""佛系"这种消极处世的思想，中国特色生涯教育要向学生强调勤奋的重要性，在工作中只有通过自己的努力，才能获得职业发展的机会，才能攻克工作中的阻碍，取得事业的成功。

第四，在中华优秀传统文化中，"知行合一"强调理论和实践相结合的重要性。中国特色生涯教育必须从中汲取力量。"纸上得来终觉浅，绝知此事要躬行。"在中国特色生涯教育中，不能纸上谈兵，不能停留在理论层面，必须通过实践来检验和发展理论，以行促知。不管之后从事哪一行业，都不能只是在口头上说一说，要敢于实践，空谈误国，实干兴邦。"知行合一"鼓励我们进行创新。中国特色生涯教育也不能墨守成规，要从多渠道了解社会就业信息，敏锐地把握就业形势的变化趋向，因时而动、因势而变，抓住时机，赢得主动。在实践的基础上，我们应该发现改进的空间，尝试新的方法和途径，应对不断变化的职业要求。

中国特色生涯教育是学校向社会输入人才的关键环节，深入挖掘中华优秀传统文化中与生涯教育有关的文化价值，引导学生弘扬中华优秀传统文化，增强文化自信，同时完善人格，关心国家的前途命运。

第二节 红色基因融入中国特色生涯教育的文化价值

红色基因能够帮助青年坚定理想信念，与中国特色生涯教育的目标和价值导向保持一致。其中蕴含的自力更生和艰苦创业精神、奋斗精神、斗争精神、奉献牺牲精神在中国特色生涯教育中发挥着独一无二的文化价值。

一、红色基因融入中国特色生涯教育的意义

红色是中国革命的底色，基因意味着赓续和传承。红色基因是对中国共产党革命精神的传承，是中国共产党人的精神内核，更是中华民族的精神纽带。红色基因体现了中国共产党人的身份自信和使命担当。习近平总书记指出："用好红色资源，深入开展社会主义核心价值观宣传教育，深化爱国主义、集体主义、社会主义教育，着力培养担当民族复兴大任的时代新人。"[1]红色基因与中国特色生涯教育有相同的目标和价值导向，同时二者的内涵有相同之处，可以融合发展。因此将红色基因融入生涯教育，构建中国特色生涯教育体系，能够进一步坚定学生听党话、跟党走的信念，培养有理想、敢担当、能吃苦、肯奋斗的新时代好青年。

目前，红色基因传承和革命文化教育中存在如下问题。第一，随着战争年代的远去，有些学生对革命文化的理解逐渐简单化，停留于表面，停留在故事中，不能和自身的实际联系起来，更谈不上在工作岗位上、在职业生涯中自觉地传承红色基因。第二，虽然有些学校会开展参观红色教育基地、观看红色革命影片等活动，丰富革命文化的教育方式，但是在把红色基因融入中国特色生涯教育方面有所欠缺，较少把革命文化和职业道德等联系起来。有些学

---

[1] 习近平：《高举中国特色社会主义伟大旗帜　为全面建设社会主义现代化国家而团结奋斗——在中国共产党第二十次全国代表大会上的报告》，44页，北京，人民出版社，2022。

生缺少在职业规划中传承红色基因的实践机会。第三，随着互联网的发展和信息时代的到来，有些学生受到世界多元文化的影响，对革命文化的认同感较弱，割裂了红色基因和职业道德的联系，动摇了文化自信和理想信念。

习近平总书记指出："理想信念就是共产党人精神上的'钙'，没有理想信念，理想信念不坚定，精神上就会'缺钙'，就会得'软骨病'。"[①]一方面，一些成长在和平发展年代的学生，在物质富足的生活条件下，精神世界却没有得到满足，容易耽于一时的快乐。比如说，推崇佛系生活、遇到困难就躺平、沉迷电子游戏。把红色基因融入中国特色生涯教育全过程，使学生在革命文化潜移默化的熏陶下，获得精神上的营养，筑牢职业发展的坚定信念，激发职业发展的动力、磨砺职业发展的斗志、锤炼职业发展的能力，促进自身的职业生涯发展，在干事创业中实现人生价值。另一方面，社会思潮激荡，一些西方国家对我国仍有进行渗透的图谋，扭曲革命历史，抹黑英雄人物。青年作为我国全面建设社会主义现代化国家新征程上的中坚力量，需要激活红色基因的能量，提高政治判断力，提升抵御错误思潮的能力，深化文化认同感，增强文化自信，发扬光荣传统，树立远大的职业理想，在革命精神的感召下砥砺前行、干事创业。

红色基因发挥榜样的力量，在中国特色生涯教育中给予学生职业生涯发展的动力。无数前辈在革命建设改革的

---

① 习近平：《紧紧围绕坚持和发展中国特色社会主义 学习宣传贯彻党的十八大精神——在十八届中共中央政治局第一次集体学习时的讲话》，11页，北京，人民出版社，2012。

年代抛头颅、洒热血，为共产主义事业奋斗终身，为国家、为民族、为社会做出了不可磨灭的巨大贡献和牺牲。没有真正工作过的青年在自我认知、职业探索、生涯决策和生涯行动上存在一定的困难，可以从革命前辈的事迹中汲取榜样的力量，增强在职业生涯发展中踔厉奋发、勇毅前行的意志和动力。职业道德素质影响着个体的职业生涯，但有些人以不讲诚信、玩忽职守的态度对待工作。这就需要在中国特色生涯教育中发挥红色基因的作用，引导学生向革命前辈学习，在实践和磨炼考验中挑重担、练本领，磨炼品质、塑造价值。红色基因还包含着勇敢顽强的革命乐观主义精神，引导学生发现工作中的乐趣，在工作岗位上保持热情，踏实苦干，精益求精，塑造工匠精神。

二、红色基因融入中国特色生涯教育的内容

中国共产党在革命建设改革中形成发展起来的精神品格、红色基因在中国特色生涯教育发挥着独一无二的文化价值。

第一，自力更生和艰苦创业的精神。历经百年风雨的中国共产党，团结带领人民创造了一个又一个伟业，赢得了一个又一个胜利。有人称中国共产党为近代以来中国最伟大的创业团队。从上海的石库门小楼到井冈山，从延安到西柏坡，再到深圳经济特区，从一穷二白到解决绝对贫困问题，中国共产党的光辉历程也是永葆革命精神和斗志的创业历程。在中国特色生涯教育中要弘扬自力更生和艰苦创业的精神，教导学生要有理想抱负，做好本职工作，练就过硬本领，找准工作定位，在实践中创新、在创新中

前进，攻坚克难，实干创新，敢于走别人没有走过的路。

第二，奋斗精神。在中国革命即将取得全面胜利之际，毛泽东同志提醒全党，务必继续保持谦虚谨慎、不骄不躁的作风，务必继续保持艰苦奋斗的作风。习近平总书记多次强调发扬奋斗精神，"撸起袖子加油干""天上不会掉馅饼，努力奋斗才能梦想成真""不驰于空想、不骛于虚声""幸福都是奋斗出来的"。中国特色生涯教育要传承伟大奋斗精神。如果每个人都在不同领域不同岗位上做好自己的工作，对待工作一丝不苟、勇攀高峰，以勇往直前的坚忍执着不懈奋斗，就能够在工作岗位上创造出不凡的人生，可以在小舞台上展现出大作为，不负时代、不负韶华。

第三，斗争精神。习近平总书记在党的二十大报告中号召全党同志务必敢于斗争、善于斗争。一路走来，党和人民不论遭遇怎样的艰难险阻，都能知难而进、迎难而上，敢于斗争、敢于胜利。从1921年到1949年，中国共产党领导人民进行新民主主义革命，争取民族独立、人民解放。新中国成立不久，在国家积贫积弱、面临威胁的情况下，中国共产党做出抗美援朝、保家卫国的历史性决策，捍卫了新中国的安全。在社会主义建设和改革开放时期，中国共产党领导人民有力应变局、化危机。中国特色生涯教育要传承伟大斗争精神，对于现在的青年来说，主要就是心中多想着人民群众、多做一些工作、多解决一些棘手问题，在工作实践中同各种困难做斗争，在斗争中磨砺精神品格、增长斗争本领。

第四，奉献牺牲精神。中国共产党的入党誓词里面有："随时准备为党和人民牺牲一切。"回顾百年党史，有刘胡兰面对铡刀坚贞不屈、大声呐喊"怕死不当共产党",有石油工人王进喜"宁肯少活二十年,拼命也要拿下大油田",有塞罕坝建设者们将自己的青春与力量都撒播在治沙的坚守中。建党精神是中国共产党人精神谱系的源头,其中也强调"不怕牺牲、英勇斗争"。这是克服一切艰难险阻、战胜一切强大敌人、赢得一切伟大胜利的独特优势。要干事业就难免会有牺牲,牺牲自己的时间、精力乃至生命,只为事业成功后更多人受益。中国特色生涯教育传承奉献牺牲精神,培养学生"功成不必在我,功成必须有我"的担当作为,"公而忘私、夙夜在公"的无我之境,教导学生对待事业心无旁骛、尽心尽力。

第三节　中国特色生涯教育中的新时代集体主义精神的文化价值

新时代集体主义以集体利益先于个人利益,集体利益保障个人的正当利益,坚持集体利益和个人利益的辩证统一为内核,增强中国特色生涯教育对青年服务国家、服务社会、服务人民追求的导向作用。

一、新时代集体主义的含义

世界上存在个人主义和集体主义两种对立的价值观念。新时代集体主义是指导我们处理人与人、人与社会之间关系的价值观,有三方面的内容:一是集体利益先于个人利益;二是集体利益保障个人的正当利益;三是坚持集体利益和个人利益的辩证统一。

新时代集体主义植根于中华优秀传统文化。在中华民族的文化传统中，国家与家庭、社会和个人是分不开的。在历史的长河中，中华儿女一起经历无数的磨难，也在这一过程中塑造了风雨同舟的"共同体"，形成了强调"大我"的集体主义精神。从古至今，许多仁人志士把国家和人民的利益放在首位。比如说，范仲淹曾写道："先天下之忧而忧，后天下之乐而乐。"文天祥也曾写道："人生自古谁无死，留取丹心照汗青。"他们心中挂念着人民和国家，体现了深厚的家国情怀，把人民和国家放在心中更高的位置，不考虑自己的利益。这就是集体主义精神。

新时代集体主义以马克思主义为基础。马克思在《关于费尔巴哈的提纲》中指出："人的本质不是单个人所固有的抽象物，在其现实性上，它是一切社会关系的总和。"[1]人是社会的产物，是处在集体中的。《共产党宣言》指出："代替那存在着阶级和阶级对立的资产阶级旧社会的，将是这样一个联合体，在那里，每个人的自由发展是一切人的自由发展的条件。"[2]联合体就是一个大的集体，个人通过这个大集体实现自身的发展。同时，自身的发展会促进集体的进步。共产主义就是要实现个人发展和社会发展的统一，集体利益的实现不再以牺牲某些人的利益为代价。这也就是实现人的全面发展。

新时代集体主义来源于中国共产党人的实践。在革命建设改革的各个时期，我们都建立了统一战线，团结一切可以团结的力量，取得了多次胜利。邓小平在带领全国人

---

[1] 《马克思恩格斯选集》第一卷，139页，北京，人民出版社，2012。

[2] 《马克思恩格斯选集》第四卷，730~731页，北京，人民出版社，1995。

民开创中国特色社会主义道路初期就特别指出："我们从来主张，在社会主义社会中，国家、集体和个人的利益在根本上是一致的，如果有矛盾，个人的利益要服从国家和集体的利益。"①中国共产党人以实际行动践行着集体主义。在自然灾害、突发事件面前，党员同志总是能够最积极地响应号召，不怕牺牲。

弘扬新时代集体主义有助于发挥社会主义制度集中力量办大事的优势，能够规范个人行为、维护集体利益，构建和谐社会。坚持集体主义宣传教育，促进全社会自觉弘扬集体主义、社会主义思想，促进广大人民群众正确处理个人与集体、个人与国家、集体与国家的关系，为我国社会主义事业发展和民族复兴伟业提供坚实的思想基础。实现中国梦也需要培育集体主义精神，因为中国梦是要实现国家富强、民族振兴、人民幸福。这是中华民族的梦，也是每一个中华儿女的梦，需要每个人都承担起应有的责任。同时在发展中国特色社会主义的实践进程中，要为个人发挥聪明才智创造条件，使人们在投身不断发展的中国特色社会主义事业中得到自由而全面发展。

二、新时代集体主义精神的文化价值

（一）服务国家

在中国特色生涯教育中弘扬集体主义精神，有利于激发国家认同感。国家就是一个大的集体。从近代以来中华民族的历史进程中，从体育赛事等国家大事中，学生能够

---

① 《邓小平文选》第二卷，337页，北京，人民出版社，1994。

感受到集体主义的光辉,能够感受到社会主义国家的力量,从而能够增强对国家的认同感和归属感,能够自觉地在职业生涯规划过程中站在国家发展的大局上,思考自己可以为社会主义现代化强国的建设、为中华民族伟大复兴的实现做出怎样的贡献。在新时代新征程上,中国特色生涯教育的任务是,引导学生把个人发展融入国家民族发展的洪流,把服务国家作为职业和人生的最高追求,在这一追求的指引下进一步确定自己的职业目标,不断提升职业技能,在更广阔的舞台上实现人生价值。

(二)服务社会

在中国特色生涯教育中弘扬集体主义精神,有利于促进社会和谐。集体主义要求人们在生活中自觉地考虑到他人,遵纪守法,在行使自己权利的同时不侵犯他人的权利,学会团结协作,维护正常的社会秩序,减少社会矛盾,营造良好的社会环境。学生能够在未来的职业生涯中,利用自身优势,各尽所能,在各自的岗位上发光发热,为社会做出贡献。同时接受过良好教育的时代新人的道德素质有极大提升,能够友善地互相帮助,增强自己的社会责任感,提升自己的服务意识,提高自己解决现实问题的能力。

(三)服务人民

在中国特色生涯教育中弘扬集体主义精神,坚持以人为本,始终站在最广大人民群众的立场上,维护全体人民的共同利益,让发展成果由人民共享,推进全体人民共同富裕,增强人民群众的获得感、幸福感、安全感。人民是历史的创造者,是真正的英雄。在集体主义的感染下,学生能够在职业生涯中坚守人民立场,增进同人民群众的感情,自觉同人民想在一起、干在一起，不管选择什么职业都始终把人民放在心上，怀揣着为广大人民服务的责任心，在为民造福中干好自己的本职工作，实现自己的价值。

第四节　中国特色生涯教育中的社会主义核心价值观的文化价值

社会主义核心价值观不仅影响着人们的日常生活，也影响着人们的职业选择和职业发展，帮助人们明确自己的职业选择应该符合社会的整体利益和发展方向。同时，中国特色生涯教育有助于培育和践行社会主义核心价值观。

一、生涯教育与社会主义核心价值体系有机结合的现实意义

生涯教育与社会主义核心价值体系有机结合具有重要的现实意义。社会主义核心价值观集中反映当代中国精神，是全体人民的共同价值追求，是凝聚人心、汇聚民力的强大力量。生涯教育是推进学生适应社会发展、取得事业成功的客观需要。二者都关注人的全面发展，注重理想信念、价值取向的培养。将社会主义核心价值观融入生涯教育，用社会主义核心价值观铸魂育人，能够有效克服西方以个人主义为核心的职业价值取向，打造中国特色生涯教育。

首先，在中国特色生涯教育中要让社会主义核心价值观落细、落小、落实，达到内化于心、外化于行的效果，就要贴近学生的生活实际，了解学生未来的职业规划。将社会主义核心价值观与中国特色生涯教育相结合，培育诚

实守信、爱岗敬业的职业道德，使学生在职业生涯规划过程中，以社会主义核心价值观为准则，明辨是非，在工作过程中开展行风评议，规范行业行为，彰显正确价值导向，使社会主义核心价值观在本行业本领域深深扎根，丰富社会主义核心价值观教育的实践形式。

其次，在文化价值多元化的影响下，社会上盛行的享乐主义、攀比心理等不良价值导向不利于学生正确的世界观、人生观和价值观的树立。在立志成才的关键时期，针对学生缺乏斗争精神、缺少担当意识的问题，以社会主义核心价值观为指引，引导他们在选择职业时考虑到家国情怀，正确对待个人和集体的关系，参照社会、国家和人民群众的需求，将个人价值观和社会价值观、个人理想和社会理想结合起来，在增强个人职业自信的基础上，实现个人追求与国家需要、社会价值准则相统一，提高个人的思想境界，着力用社会主义核心价值观培养担当民族复兴大任的时代新人。

最后，部分学生因不能适应职场环境，不能应对工作中的挫折，在一年之内就会选择离职。这反映了我国的生涯教育做得还不够好，有些人在职业选择时仍然处于迷茫的状态。这也为中国特色生涯教育提出了现实的要求，要培养学生的职业道德和职业精神，培养学生的责任感和韧性，使学生努力在一个岗位上干出成绩，做出贡献。这需要以社会主义核心价值观为学生职业选择提供正确的价值导向，提高人才培养的质量，为我国本土化的生涯教育建设提供有力的理论支撑。

二、社会主义核心价值观与中国特色生涯教育的文化价值具有统一性

(一)富强、民主、文明、和谐

将爱国主义教育和职业理想教育相结合,在中国特色生涯教育中加强理想信念教育,让学生树立建设富强、民主、文明、和谐的社会主义现代化强国的奋斗目标,增强学生为建成社会主义现代化强国、实现中华民族伟大复兴中国梦而奋斗的信心,向学生介绍国家大政方针,培养学生关心时事政治的意识。通过接受高校的理论教育与实践教育,学生能够了解国家发展的需要,树立报国的理想,不断提高自身本领,将个人职业理想与国家层面的富强、民主、文明、和谐紧密相连,把个人梦想融入国家和民族的梦想,为国家富强、社会进步、民族复兴不断努力奋斗。

(二)自由、平等、公正、法治

在自由的社会氛围和平等的社会制度下,中国特色生涯教育注重激发学生对维护公平正义的职业责任感的追求,同时教育学生树立法治意识,用法治思维维护和保障自身在职业生涯中的权益不受侵犯。在中国特色生涯教育中积极倡导自由、平等、公正、法治的价值理念,培养学生勤劳勇敢、自强不息的优良作风,使学生能够清楚地明白自己的人生理想,自觉维护社会自由平等的环境,维护社会公正,面对工作中的竞争,堂堂正正地做好自己,主动弘扬与传承社会主义法治精神,避免恶性竞争,为社会和谐发展贡献力量。

(三)爱国、敬业、诚信、友善

我国的职业道德规范要求爱岗敬业、诚实守信、办事

公道、服务群众、奉献社会，这与社会主义核心价值体系要求的基本道德规范相契合。因此，社会主义核心价值观中个人层面的要求与中国特色生涯教育有着紧密的联系。爱国、敬业、诚信、友善是全民的价值取向，也是中国特色生涯教育的价值取向。爱国是基本要求，在职业生涯规划中处理好"大我"和"小我"的关系，把家国情怀作为事业进步的内驱力，激励自己坚定职业理想，同时增强国家认同感和归属感。敬业是在职业生涯中爱岗敬业、甘于奉献，热爱本职工作，自强不息、锐意进取。诚信是做人的基本要求，对待他人真诚、讲信用，可以获得更多人的信任，获得更多的职业发展机会。友善是中华民族的传统美德，与他人友善相处，共同打造和谐社会。坚持爱国、敬业、诚信、友善的价值取向，引领当代学生不断提升个人道德修养，树立正确的职业义利观，抵制唯利是图、不讲诚信等错误思想。

社会主义核心价值观作为全体公民共同追求的价值取向，是构建中国特色生涯教育的指南，也是中国特色生涯教育中不能缺少的内容。面对激烈的就业竞争，学生能够在社会主义核心价值观的指引下寻找到奋斗的目标，抓住机遇，不仅能够实现自身价值和人生目标，而且能够增强对国家民族的情感认同，对于实现社会的稳定与和谐发展起到积极作用。

第八章　中国特色生涯教育的制度运行体系

中国特色生涯教育的制度运行过程中始终坚持党的领导，落实为党育人、为国育才的使命任务。学校在生涯教育的运行体系中起主导作用，小学、初中、高中、大学以及职业院校的生涯教育各有其特点。家庭既是个人生涯教育的起点，也是中国特色生涯教育的基础。此外，生涯指导机构、企业和相关社会组织等社会力量也在逐渐成为中国特色生涯教育运行体系的有益补充。

第一节　中国特色生涯教育中的党的领导

立德树人是中国特色生涯教育的根本任务。为此，必须强化党在生涯教育中的全面领导，将思想政治教育与生涯教育有机结合，坚持德育为先，尤其要帮助学生树立正确的职业道德和职业操守，为党和国家事业发展培养德智体美劳全面发展的社会主义建设者和接班人。

一、中国特色生涯教育以立德树人为根本任务

党的十八大报告指出："全面贯彻党的教育方针，坚持

教育为社会主义现代化建设服务、为人民服务，把立德树人作为教育的根本任务，培养德智体美全面发展的社会主义建设者和接班人。"立德树人这一概念源自中国传统文化。根据《左传》记载，春秋时鲁国大夫叔孙豹提出"太上有立德，其次有立功，其次有立言，虽久不废，此之谓不朽"之说，将"立德"作为"三不朽"之首，体现了个人对高尚道德情操的追求。"树人"思想最早出自《管子》一书中的"一年之计，莫如树谷；十年之计，莫如树木；终身之计，莫如树人"，强调教育和培养人才的重要性。立德树人不但是我国教育的根本任务，也是中国特色生涯教育的最终目标指向。一方面，生涯教育过程中高度重视对学生道德品质和价值观念的塑造，尤其着重培养社会公德、职业道德、家庭美德、个人品德"四德"中的职业道德。另一方面，人才的培养离不开生涯教育。开展生涯教育对于实现立德树人这一目标至关重要，其有助于塑造学生的健全人格，帮助学生确立未来适合自己的职业发展方向，并在将来成为社会所需要的人才。

培养什么人，是教育的首要问题。作为中国特色生涯教育体系的重要组成部分，育人目标就是培养德智体美劳全面发展的社会主义建设者和接班人。教育应以德为先，德育应贯穿生涯教育始终。如前所述，中国传统文化注重人的道德修养，强调品德的培养和塑造。中国特色生涯教育沿袭这一宝贵传统，致力于将道德教育融入学生的职业发展。智育通过让学生学习基本的科学文化知识，帮助其掌握专业必备的知识与技能。在受教育过程中学生的思维能力和认知水平得到逐步提升，晶体智力也不断发展，从而为未来职业生涯发展打下牢固的根基。体育所培养的身体素质对于职业发展的重要性不言而喻。因此，中国特色生涯教育同样关注学生的身心健康，鼓励学生参加日常体育锻炼。美育能够培养学生的感知力、想象力、创造力，这种审美能力同样是职业生涯发展所必需的。因此中国特色生涯教育坚持以美育人、以文化人，以提高学生的审美和人文素养。劳动教育与生涯教育相辅相成，劳动教育本身可以视为生涯教育的组成部分，生涯教育有助于人民能够更好地从事劳动这一基本的社会实践活动。"五育"并举，中国特色生涯教育才能在新时代培养出真正能够担当民族复兴大任的新型人才。

在落实立德树人的任务中，中国特色生涯教育还力求学生的全面发展和个性化培养并重。一方面，中国特色生涯教育注重培养学生的专业技能，同时提升学生的人文素养、创新精神、实践能力等多方面的素质。另一方面，中国特色生涯教育倡导个性化培养，根据每个学生的特长、兴趣和志向因材施教，帮助他们选择符合自身能力特质的职业发展道路，并提供相应的教育资源和支持，为其未来职业发展保驾护航。

中国特色生涯教育将引导学生树立正确的价值导向放在首位。首先，中国特色生涯教育注重帮助学生认识到个人价值和社会需求之间的关系，并引导他们树立正确的价值观。它通过培养学生的社会责任感和公民意识，可以使他们在职业生涯发展中理解个人目标与社会发展之间的平衡，注重以人为本的原则，追求全面发展。其次，中国特色生涯教育注重培养学生的职业道德和帮助学生树立良好的职业操守。生涯教育的目标之一是帮助学生从小树立正确的职业道德观念，明确职业操守，从而在未来的职场上成为有担当、有责任心的人才。只有培养学生正确的职业道德观念，他们才能在工作中注重职业操守，不断提升自己的职业素养。再次，中国特色生涯教育注重学生的心理素质和健康发展。生涯教育不仅要培养学生的职业技能，还要关注他们的心理健康和自我认知。健康的心理状态可以帮助学生面对职业生涯中的挑战和压力，并保持积极向上的态度。最后，中国特色生涯教育以促进学生的全面发展为目标。立德树人的生涯教育强调学生的全面发展，包括知识、技能、态度和价值观等方面。这种综合性的培养使学生在职业生涯中具备更广阔的发展空间，能够适应不同的职业环境和挑战。

二、中国共产党是中国特色生涯教育的领导核心

教育是国之大计、党之大计。习近平总书记在 2018 年全国教育大会上强调坚持党对教育事业的全面领导。加强党的领导是教育发展的必然要求，也是做好教育工作的根本保证。办好中国的教育，必须毫不动摇地坚持党的领导。历史与实践充分证明，只有坚持党对教育事业的全面领导，坚持社会主义办学方向，坚定中国特色社会主义教育之路，才能实现教育强国、民族复兴和人的全面发展。因此，办好中国特色生涯教育，必须把党作为领导核心，坚持党对生涯教育的全面领导。

首先，党的领导为生涯教育指明了前进方向。在社会主义制度下，党的领导确保了教育方向，即教育为人民服

务、为中国共产党治国理政服务、为巩固和发展中国特色社会主义制度服务、为改革开放和社会主义现代化建设服务。只有党领导下的生涯教育，才能够坚持教育"为党育人、为国育才"的发展方向，引导学生树立正确的劳动观、职业观、就业观，为党和国家源源不断培养堪当民族复兴重任的时代新人，服务于社会主义现代化国家建设。

其次，党的领导为生涯教育提供了根本保证。党的十八大以来，教育领域综合改革全面深化，党委统一领导、党政齐抓共管、部门各负其责的教育领导体制更加完善。只有充分发挥党的领导优势，将生涯教育纳入党的大政方针，才能推动生涯教育不断向前发展。与此同时，中国共产党坚持以人民为中心发展教育，着力推动教育公平。在党的全面领导下，优质生涯教育资源分配更加均衡，城乡、区域之间的生涯教育差距逐渐缩小，中国特色生涯教育发展成果更多、更公平地惠及全体人民。

最后，党的领导为生涯教育注入了强大活力。中国共产党始终把人才作为第一资源，在组织领导、发展规划、资源保障、经费投入等方面加大对生涯教育的支持力度，推动建设中国特色生涯教育体系。鼓励生涯教育改革创新，让生涯教育更加贴近时代、更能满足人才培养需要、更好地服务于经济社会发展，保证生涯教育实现高质量发展。

第二节　中国特色生涯教育中的学校主导

作为教育的主阵地，学校在中国特色生涯教育体系中发挥着主导作用。小学是生涯教育的启蒙阶段，应逐步树立小学生的生涯意识。初中阶段可以引导初中生开展职业生涯的初步探索。在新高考改革背景下，高中阶段的生涯教育越发得到重视。我国高等教育阶段的生涯教育日趋成熟。此外，在中等和高等职业技术院校开展生涯教育对于推动现代职业教育高质量发展更是至关重要。

一、义务教育阶段的职业生涯启蒙教育

（一）小学阶段的生涯启蒙教育

生涯教育宜早不宜迟。小学阶段是个体生涯意识的萌芽阶段，因此有必要在这一阶段就开展生涯启蒙教育。在这一阶段，学生正处于对世界充满好奇和探索欲望的阶段。这一阶段生涯教育的要点在于触发他们对于职业的兴趣与好奇心，引导他们了解不同职业的工作内容和重要性。小学阶段生涯教育的另外一个重点在于帮助学生树立生涯意识，包括生涯发展和成长意识、角色和责任意识等。在这一过程中，探索自己的兴趣、能力和优势，形成自我认知。

因此，小学阶段开展生涯启蒙教育在内容方面应注重介绍各种职业的特点、工作内容和意义，让学生对不同职业的基本情况具备浅层次的感性认识。在教学方式上，应采用游戏化、趣味性的方法，如角色扮演、职业探索游戏、体验与家长互换角色等，以促进学生对职业的初步认知和兴趣培养。除了开设专门的生涯课程，还可以开展基于社会实践活动的生涯教育体验活动，如前往企业参观，与劳动教育融合进行职业体验等。在小学其他课程的教授过程中，也应传递生涯理念，启发学生的生涯意识。

（二）初中阶段的生涯教育初探

初中阶段开展生涯教育除了能够进一步提升学生的生

涯意识，还能帮助其明确未来学业、职业路径，进而激励其努力学习掌握未来发展所必需的知识和技能。首先，初中阶段的生涯教育能够培养学生的自我认知和职业意识。生涯教育可以帮助学生进一步认识自己的兴趣、优势和价值观，以及与职业选择相关的个人特点。通过自我评估和探索，他们能够清楚地了解自己，并意识到个人兴趣和能力与职业发展的关联性。

其次，初中阶段的生涯教育有助于学生规划学业及职业发展。初中阶段是学生开始面临职业选择和规划的时期，意味着义务教育阶段结束，面临分流。通过生涯教育了解不同行业的需求和就业趋势，学生可以更好地确定职业目标，并规划相应的学习路径和制订发展计划。他们可以深入地了解不同职业领域的特点、工作内容和就业前景，为未来的职业发展做出明智的决策。

再次，初中阶段的生涯教育有助于提高学生的学习动机和学业表现。通过接受生涯教育，学生可以更加明确自己的学习目标和发展方向，并认识到学习与职业发展的紧密关联。这将激发他们对学习的兴趣和动机，提升他们的学业表现和学习效果。

最后，初中阶段的生涯教育有利于培养学生的职业技能和就业能力。生涯教育不仅关注学科知识，还注重培养学生的职业技能和就业能力。通过课程学习和实践经验积累，学生可以逐步掌握所需的学科能力、沟通能力、团队合作能力、解决问题能力和创新思维等关键职业技能。

因此，初中阶段的生涯教育内容较之小学阶段应更加深入，并逐步引导学生思考和规划自己的职业发展，包括认识个人兴趣和优势、确定职业目标、探索学习路径和实践机会等。尤其要注重学科知识掌握和技能培养，提供个别辅导和资源支持。

在方式方法上，注重积累实践经验和自主学习，如提供实习机会、解读职业研究报告、开设职业综合学习课程等，帮助他们深入了解职业的实际需求和工作环境。同时，引导他们进行个人兴趣和能力的认识、职业目标的确定以及学习路径和实践机会的探索。利用个别辅导、职业测评和职业咨询等方式，帮助他们逐步确立职业目标，并制订实现目标的学习和发展计划。

初中阶段专门的职业探索课程需要涵盖不同职业领域的特点、工作内容和发展前景。利用案例分析、讲座和小组讨论等活动，引导学生深入了解各种职业，并帮助他们探索自己的兴趣和优势。邀请各行各业的职业人士到学校开设讲座或参加座谈会，与学生分享自己的职业经验和故事。这将帮助学生直观地了解不同职业的实际情况，并激发他们对职业的兴趣和好奇心。组织实践和体验活动，安排学生参观企业、工厂、研究机构等场所，让他们亲身感受不同职业的工作环境和操作。此外，可以组织实习、模拟面试和职业技能培训等活动，让学生亲身体验和了解职业技能的实际应用。还可以通过实施一对一个性化的职业测评和职业规划辅导，帮助学生客观认识自己的兴趣、优势和价值观，进而对自身的生涯发展前景有所规划，确定职业目标并规划学习与发展路径。

二、普通高中阶段的生涯教育

2010年，我国出台了《国家中长期教育改革和发展规划纲要（2010—2020年）》，提出鼓励有条件的普通高中根据需要适当增加职业教育的教学内容，探索综合高中发展模式；采取多种方式为在校生和未升学毕业生提供职业教育。2014年，教育部启动了新一轮的高考改革。此轮高考改革的特点就是在一定程度上给予学生选择学科及考试科目的自主权。与之相对，高校录取方案也有了很大的变化。可以说，新高考政策倒逼学校加强高中生生涯教育。2019年《国务院办公厅关于新时代推进普通高中育人方式改革的指导意见》明确指出，普通高中要通过学科教学渗透、开设指导课程、举办专题讲座、开展职业体验活动等对学生进行指导。

传统的教育和培养模式无法适应新时代社会发展对于促进学生全面发展的本质要求，而生涯教育就是对传统教育最好的补充。高中时期是学生个性形成、认知发展、自主发展的关键时期，也是学生选择未来人生发展道路的转折点，对于学生的个人价值实现及促进社会发展进步具有特殊意义。在这个阶段，学生的心智水平、知识能力等都处于高速发展的过程，他们自身的兴趣和特长逐渐被激发。此时要求学校帮助和引导学生对自身生涯发展进行分析和规划，使他们在人生的关键时期获得设计自身职业道路的意识和能力，为以后的人生之路打好前期基础。

总体来看，普通高中阶段的生涯教育分为三类：一是以职业为导向，重在给学生介绍未来职业；二是以升学为导向，重在给学生分析升学政策，引导学生做好升学规划；三是以自我成长为导向，重在关注学生的个性、兴趣、性格培养。

普通高中阶段开展生涯教育，重点在于以下四个方面。

第一，帮助学生了解自己。生涯教育可以帮助学生进一步认识自己的兴趣、优势、价值观和潜力。通过自我评估、探索和实践，他们能够清楚地了解自己的个人特点，以及与职业选择相关的能力和兴趣。

第二，助力学生做好专业选择和规划。高中阶段正面临着即将进入大学或职业生涯的重要决策。生涯教育可以帮助他们更深入地了解不同的职业领域、就业前景和专业发展方向，从而做出明智的职业选择和规划。

第三，帮助学生探索学习和发展路径。生涯教育可以帮助学生了解学习和发展的多样性，引导他们探索不同学科领域和学习路径。通过提供信息和资源，学生可以更全面地了解大学专业、技术培训、实习机会等选择，以及与自己的职业目标相符合的学习和发展路径。

第四，培养学生的职业能力和就业竞争力。生涯教育不仅强调学科知识学习，还注重培养学生的职业能力和就业竞争力。通过参与实践、职业技能培训，学生可以发展关键技能，如沟通能力、团队合作能力、解决问题能力和创新思维等，为未来的职业发展做好准备。

三、高等教育阶段的生涯教育

（一）高等教育阶段开展生涯教育的背景与意义

当前，我国已建成世界最大规模的高等教育体系，高等教育毛入学率从2012年的30%提高至2023年的60.2%，实现了高等教育从大众化到普及化的转变。随之而来的是高校毕业生人数的大幅增长。根据国家统计局发布的《中华人民共和国 2024 年国民经济和社会发展统计公报》，2024 年全年普通、职业本专科毕业生 1059.4 万人，研究生毕业生 108.4 万人，共计超千万。面对人数如此庞大的毕业生群体，大学生就业问题日益凸显。生涯教育作为破解大学生就业难题的重要抓手，也逐渐成为高等教育改革过程中高校乃至党和政府、社会大众关注的重点。

在大学开展生涯教育，其首要目的就在于帮助大学生尤其是毕业生进行职业规划、提升就业竞争力。大学生正处于进入职场前的关键时期，通过生涯教育可以帮助他们明确职业目标，并制订相应的发展计划。生涯教育可以培养职场所需的能力和技能，如沟通能力、团队合作能力、问题解决能力和创新思维等。同时，对于大学生个体而言，还能促进其自我认知与全面发展。生涯教育有助于大学生深入了解自己的兴趣、价值观、能力和优势，从而更好地选择适合自己的职业和专业领域。对于社会而言，就业是最大的民生。生涯教育能为就业市场提供所需的人才，有利于促进经济社会稳定发展。

(二)高等教育阶段开展生涯教育的现状

事实上，作为中国特色教育体系的重要组成部分，高等教育体系中的生涯教育引入较早，经验探索也较为丰富。1991 年，《国务院关于大力发展职业技术教育的决定》所提出的"积极开展职业指导""提倡产教结合，工学结合"等要求便与当前生涯教育的基本理念相吻合。此后，党和国家对生涯教育的重视程度日益提升。2007 年教育部印发《大学生职业发展与就业指导课程教学要求》以来，全国大部分高校都以必修课或选修课的形式开设了大学生生涯教育课程，标志着我国高等教育正式将大学生生涯教育课程纳入教学计划。

在生涯教育实践方面，目前高校主要有以下形式：一是以就业为导向，开设专门的就业指导课程。设计和开设职业发展课程，涵盖职业探索、职业规划、就业技能和个人品牌等内容，帮助学生全面了解职业发展和为职业发展做准备。二是通过与企业和组织建立合作关系，提供实习和实践机会，让学生在真实的工作环境中获得经验，培养学生的实际操作能力。加强学校与企业之间的合作，建立校企合作项目，提供更多的就业信息、实习机会和校园招聘活动，增强学生与职业世界的联系。三是对有创业意向的学生，提供相应的创业支持，如创业培训、创业竞赛和创业孵化器等，帮助他们实现创业梦想。尤其是通过"挑战杯"系列赛事，成功孵化了一批创业项目。四是将生涯教育与思想政治教育相结合。充分发挥大学思想政治理论课的育人实效，同时让高校辅导员、就业指导中心专职教师参与其中，在开展生涯教育的同时注重塑造学生的职业观。五是充分利用专业生涯教师、校内专家学生、优秀校友等资源开展相关生涯教育活动，如为学生提供一对一生涯咨询辅导，举办生涯教育专题讲座，邀请校友回校分享就业创业经历或已毕业学长开展就业经验交流，以及组织生涯规划大赛、创新创业大赛等。

中国特色社会主义进入新时代以来，各高校贯彻落实习近平总书记关于教育的重要论述和重要指示批示，结合自身的人才培养特色，陆续开展生涯教育，取得了显著的成效。即普遍成立了学校专门的生涯教育管理和组织机构；

普遍建构了适应本校学生需要的生涯教育课程，为学生提供职业能力、职业兴趣等方面的测试；成立了相应的师资团队，保证了生涯教育的课时量；普遍注重通过职业生涯规划大赛和主题性质的社会实践活动提升学生生涯规划的实践能力；普遍注重加强高校与校外组织、企事业单位等之间的合作，引入优质的校外教育资源，提升高校生涯教育的整体质量与水平。生涯教育的理念日趋完善，并逐步走向体系化、内涵式的发展，逐渐成为高校育人体系的重要组成部分。

案例：北京理工大学以工作室建设为牵引，开启职业生涯教育新篇章[①]

为贯彻立德树人根本任务，系统推进大学生生涯教育内涵发展，北京理工大学坚持以学生为中心，围绕学生的成长成才需求，从供给侧进行改革，以工作室建设为牵引，在为学校就业质量稳步提升提供内驱力的同时，实现了生涯教育的转型升级。

一、以学生需求为导向，成立特色工作室

为进一步提升个性化指导与服务水平，学校整合校内外资源，贴近学生需求建设了"三大工作室"。一是成立"摆渡人工作室"，通过个体咨询、团体辅导、讲座培训等形式，为学生提供生涯规划和就业指导的个性化服务。"摆渡人工作室"启动线上服务后，推出"空中大课堂""青苗训练营""职涯摆渡舟"等七大就业

[①] 中华人民共和国教育部：《以工作室建设为牵引 开启职业生涯教育2.0新篇章》，2021-11-26。

指导专栏，迅速实现就业指导线上全覆盖。二是成立"职心工作室"，由具备心理学专业背景并且有一线就业指导经验的教师组成，通过线上线下团体辅导与个体咨询的形式，破解学生职业发展与心理问题叠加的难题。三是成立"职美工作室"，由具有国际礼仪培训师资格的教师领衔，专注于职业形象与礼仪的融合，解决理工科学生不善于形象管理的短板，帮助学生实现"秀外慧中"。2020年，学校依托工作室开展讲座培训、团体辅导等各类教育活动81期，个体咨询400余例，服务学生6000余人次，参与学生满意度超过90%，有效助力学生生涯成长与高质量就业。

二、以队伍建设为抓手，夯实职业生涯教育基础

一是广揽人才，不断充实工作队伍。2020年，学校引进2名具有央企中层领导工作经历和1名业内知名就业指导专家加盟校级工作队伍，进一步优化了人才结构，提升了整体素质。目前校级就业机构专职教师已达14人。其中六成具有六年以上就业工作经验，半数具有企业工作经历。二是大力实施"金牌教练"计划，提升专业化水平。一年内投入完成60人次的专业培训，打造具备生涯咨询从业资格教师25人。三是为人才发展提供制度保障。出台了《北京理工大学职业生涯工作室咨询师管理和考核办法》《北京理工大学职业生涯工作室服务规范》等制度，建立了咨询师四级成长制度和督导制度，保证了咨询师队伍的稳定性和可持续发展。

三、以平台建设为载体，丰富职业生涯教育手段

2019年，学校建设完成国内高校第一家学生职业生涯体验中心；2020年进行了二期升级改造，并启动了大学生生涯教育主题空间建设。体验中心配备了寓教于乐的生涯探索工具，通过情景式、体验式氛围和探索工具的有机结合，创造学生自我探索和教师开展生涯教育的专属空间。上线57门职业发展与就业指导精品视频课程，立体推进职业生涯发展教育。北京大学、浙江大学等二十余所兄弟高校到校参观调研，在全国推动了高校专业化平台建设。

四、以本土化为目标，打造职业生涯教育品牌

工作室专家团队在吸收借鉴国内外经典职业发展理论成果的基础上，将中国传统文化与现阶段大学生成长规律、国情有机结合，构建本土化的职业生涯发展教育理念。出版著作《佳言就业》，主编《大学生职业发展与就业指导》教材，开设大学生职业发展特色课程，在实践中形成具有中国特色的生涯教育理念。在工作室建设的牵引下，学校就业工作成功实现了从以事务性工作为主到以指导和教育为主的转变，更开启了课程讲座、团体辅导、个体咨询、朋辈辅导相融合和线上线下相结合的生涯教育新篇章。

四、职业院校的生涯教育

《中华人民共和国职业教育法》指出："职业教育是与普通教育具有同等重要地位的教育类型，是国民教育体系和

人力资源开发的重要组成部分，是培养多样化人才、传承技术技能、促进就业创业的重要途径。"这明确了职业教育是与普通教育具有同等重要地位的教育类型，是国民教育体系和人力资源开发的重要组成部分，是培养多样化人才、传承技术技能、促进就业创业的重要途径。目前，我国已建成全世界规模最大的职业教育体系，中高职学校每年培养1000万左右的高素质技术技能人才，为经济社会发展提供了源源不断的技术技能人才。新一轮科技革命和产业革命对高技能劳动力的需求不断扩大，这对职业教育提出了新的要求。

2021年，中共中央办公厅、国务院办公厅印发《关于推动现代职业教育高质量发展的意见》，明确当前和今后相当一段时期职业教育改革发展的主要目标就是建立现代职业教育体系。这就要求推动职业院校的生涯教育。

从广义上说，职业院校开展的教育教学活动都属于生涯教育范畴，因为其目的都是为学生的终身发展服务。在本书中，职业院校开展的生涯教育主要指其帮助学生进行职业生涯认知、确立职业生涯目标、选择职业生涯角色、寻求最佳生涯发展途径的专门性课程与活动。

(一)中等职业学校开展生涯教育的必要性

中等职业教育是职业教育的起点而不是终点。当前，我国正在推动中等职业教育的定位从单纯的"以就业为导向"到"就业与升学并重"的转变，需要在保障学生技术技能培养质量的基础上，加强文化基础教育，扩大贯通培养规模，打开中职学生的成长空间。

中职学生的年龄一般在16~18岁，虽然此时他们的生理、心理以及认知水平都有了相当的发展,但远未达到成熟和完善。按照休珀的理论,这一阶段学生的个体身心发展还有很大的潜能和空间,职业心理尚未成熟,仍处于探索时期,难以对自己将来的职业做出抉择。与普通高中学生毕业后大部分会继续选择升学相比,中职学生毕业后一部分会直接进入劳动力市场,另一部分会继续升入高职院校继续学习。对于直接就业的中职学生来说,他们既无学历优势,又缺乏社会工作经验,难以在复杂多变、竞争激烈的就业市场实现成功就业。对于升入高职院校继续学习的中职学生来说,他们也需要根据自身情况选择合适的专业并且为之后的就业做准备。但对目前生源不好的中等职业学校来说,部分学生较少去规划自己的学习和实践,为自己理想的职业去做各种准备,对自己将来的主导职业有认真的思考。因此,在人生发展的重要分岔口,针对中职学生的生涯教育就显得尤为重要。

(二)高等职业院校开展生涯教育的必要性

截至2021年年底,全国技能劳动者总量超过2亿人,占7.5亿就业人员的27%;高技能人才超过6000万人,占技能劳动者的30%。虽然中国技能人才总量所占比例呈不断上升趋势,但与庞大的劳动力相比还是偏低,与德国、日本等制造业强国存在差距。未来我国高质量劳动力短缺问题可能会更加凸显。另外,我国高等教育仍存在职业教育和普通教育比例失衡的问题,学生和家长更倾向于接受大学本科学术教育。这也导致我国高校毕业生人数破千万的同时难以满足当前就业市场对于高技能人才的需求。

随着职业教育改革的不断深化,职业教育也在加快高层次人才培养。国家提出建立"职教高考"制度,完善"文化素质＋职业技能"的考试招生办法。这就意味着通过扩大职业本科、应用型本科在"职教高考"中的招生计划,打破职教升学"天花板",职业学校的学生在升学方面会享有更多机会,未来的职业生涯发展空间也会更加广阔。

为解决当前我国高技能人才供应不足与高职学生就业难的双重困境,高职院校必须转变原有的就业指导模式,以生涯教育为依托开展职业指导,使学生增强职业生涯意识、合理规划自己的职业生涯,加强自身就业竞争力,为未来生涯发展打下基础。此外,生涯教育也有利于增强高职毕业生在就业市场上的竞争力,为国家输送更多的高素质技术型人才。

(三)职业院校生涯教育的内容

职业院校作为对学生实施生涯教育的主体,其生涯教育质量的提高意义重大。针对职业院校学生开展的生涯教育应包含以下内容。

一是开展职业道德、职业精神和职业理想教育。利用生涯教育,增强职业院校学生对职业的认同感,帮助他们树立正确的职业观,认清个人发展与职业需求的关系。二是引导学生正确认识自己所学的专业并进行职业探索。不少职业院校学生在入学前对所学专业并没有过多的了解或只有较浅的认识,在专业选择上往往具有盲目性和被动性。生涯教育能够帮助他们正确认识所学的专业,了解本专业的培养目标和培养计划、未来可能的就业方向,以及这些岗位的发展前景、工作内容和对求职者的能力素质要求等。三是提升生涯规划意识与能力。面对职业院校学生对未来感到迷茫的问题,可以通过职业测试、个人咨询和讨论等方式,帮助他们进行职业规划和设定目标。四是注重职业技能培养。职业院校学生通常需要具备特定的职业技能。生涯教育还提供了系统的职业技能培训和实操课程,使学生掌握所需的专业技能和工作技巧,以满足行业的需求。五是提供就业准备与指导。生涯教育能为职业院校学生提供个别化的就业准备指导,包括简历撰写、面试技巧、职业形象塑造等;同时帮助他们了解就业市场的情况,提供求职技巧和途径,为他们顺利进入职场做好准备。六是提供创业支持与训练。针对有创业意愿的学生,职业院校也应提供创业支持和培训,如创业课程、创业导师指导、创业资源等,帮助学生实现创业梦想。

第三节　中国特色生涯教育中的家庭基础

父母是孩子最好的老师,开展生涯教育必然离不开家庭教育的支撑。在中国特色生涯教育体系中,生涯教育和家庭教育二者联系密切、互为支撑。

一、生涯教育与家庭教育的关系

教育关乎每个孩子的终身发展、关乎千家万户的切身利益、关乎国家和民族的未来发展。其作为一项复杂、系统、开放的综合性实践活动,需要学校、家庭和社会等多主体协同。学校虽然是教育的主阵地,但家庭是人生的第一所学校,父母是孩子的第一任老师,家庭教育有着更为重要的基础性作用。生涯教育是学校、家庭等教育主体的重要使命和共同责任。厘清二者的关系，是发展中国特色生涯教育的重要基础。

一方面，生涯教育是家庭教育的重要内容。生涯教育是一个长期持续的过程，贯穿个体发展始终。根据个体职业发展的不同阶段，父母在家庭教育过程中都有相对应的教育重点，以帮助孩子完成不同阶段的职业发展任务。在0～11岁的职业幻想期，父母应帮助孩子完成对职业的基本认知并帮助孩子建立自我的概念。例如，陪孩子玩职业角色扮演的游戏。在12～17岁的职业尝试期，父母可以使用测评工具帮助孩子了解自身，收集资料了解专业和工作，帮助孩子做好一生的和一天的时间规划。在17岁以后的职业实现期，父母需要协助孩子完成人职匹配，可以鼓励其多参加社会实践或从事兼职或实习工作，以发展工作技能，体验个人与职业的匹配度。

另一方面，家庭教育是生涯教育的有力保障。最初的生涯发展场所是家庭，最初的生涯发展影响力也来源于家庭；而且家庭生活必将伴随我们一生，家庭对个人生涯发展的影响是终身的。父母对孩子职业生涯发展的影响巨大，对于未成年孩子来说甚至起着决定性作用。因此将生涯教育的理念、知识、方法融入家庭教育，必将为深入推进孩子生涯教育提供强有力的支撑和保障。家庭教育需要唤起孩子的生涯主体意识，提供生涯体验，帮助其尽早明确生涯目标并在此基础上开展生涯规划。此外，父母还可以用自己的生涯言传身教，潜移默化地影响孩子的生涯发展。

职业生涯和家庭教育是融会贯通、互为支撑的有机统一体，在助力学生发展上，二者缺一不可。全球新一轮科技革命在多个领域掀起变革浪潮的新时代，家庭教育和生涯教育应以问题和需求为导向，按照"尊重人—解放人—发展人—完善人—成就人"的逻辑共同助力学生的职业发展及成长成才。

二、家庭生涯教育发展现状

近年来，党和政府高度重视家庭教育与生涯教育有关问题，颁布了一系列政策法规推动生涯教育融入家庭教育。相关领域专家学者也对此展开了相关研究。当前的家庭教育应以孩子的生涯规划为坐标，即家庭教育要立足于整个人生生涯发展的视野与格局，以孩子的终身成长为主线，最大限度地激发孩子的潜能，使其成长为社会所需的高素质人才。因此，当前我国的家庭生涯教育在个人和社会两个层面均有所侧重。

在个体层面，家庭生涯教育致力于培养学生的综合素质，促进学生的全面发展。20世纪90年代，国家大力提倡素质教育，出台了《关于当前积极推进中小学实施素质教育的若干意见》等指导文件，推动全国范围内的素质教育改革。2021年，"双减"政策的出台更是为家庭培养学生的综合素质提供了可能。立足于学生生涯的家庭教育以培养全面发展的人为核心，培养学生的人文底蕴、科学精神、学会学习、健康生活、责任担当、实践创新六大核心素养，弥补了学校教育对学科知识学习和成绩过分关注的弊端，关注学生的全面、健康、个性发展，让教育回归其本质。

在社会层面，家庭生涯教育是构建全民终身学习的现代教育体系的重要组成部分，有助于推动人才强国战略实施。终身教育是我国现代化教育体系的重要内容，生涯教育同样属于终身教育。家庭正是贯穿人一生的教育与受教育场域。在"十四五"时期，我国需要建设服务全面全民学习的教育体系，为在家庭中开展个性化的生涯教育提供丰富的教育资源与学习机会。因此，家庭不但要根据孩子不同年龄段的发展特点和学业、职业目标，全面系统地构建孩子的成长规划、学业规划、升学规划和职业规划，还应当通过生涯教育让孩子具备职业生涯发展所需的素质与能力，学会学习并能保持终身学习。让个体在实现个性化发展的同时保证人人皆学、处处能学、时时可学，将我国建设成全民终身学习的学习型社会、学习型大国，为社会主义现代化强国建设提供人才支撑。

当前我国家庭生涯教育仍存在一些局限性，导致家庭生涯教育效果不够显著。从家长方面来看，主要表现为：一是部分家长缺乏生涯教育意识，重视程度不高。这就直接导致了家庭生涯教育的缺失。二是部分家长虽然具备家庭生涯意识并尝试对孩子开展家庭生涯教育，但受限于个人的能力、知识储备不足或缺少专业技能方法，从而无法对孩子开展有效的家庭生涯教育。从家庭生涯教育的实施过程来看，其覆盖面较窄。横向的教育内容上片面关注高考选科和学业规划，纵向的事实学段上主要集中在普通高中阶段和大学求职阶段，忽视了小学和初中阶段在家庭中开展生涯启蒙教育。从家庭生涯教育整体开展情况来看，我国家庭生涯教育起步较晚，没有形成完善的家庭生涯教育体系；生涯教育和家庭教育融合程度较浅，发展不全面、不协调、不充分、不持续。这些问题都需要在未来中国特色生涯教育体系的建设过程中逐步加以解决。

第四节　中国特色生涯教育中的社会参与

建设中国特色生涯教育，除了发挥党的领导作用和学校的主导作用，还离不开其他相关主体的社会参与，以搭建全方位的生涯教育规划协同发展体系。具体而言主要涉及职业生涯指导机构、相关企业、社会组织等不同社会力量。

一、职业生涯指导机构

职业生涯指导机构是专门提供职业规划和发展支持的机构，旨在帮助个人更好地了解自己、明确职业目标，并制订相应的发展计划。目前国内已经涌现出一批专门从事生涯教育咨询及规划的相关机构，其业务板块多集中于面向中学生尤其是高中生的升学规划及志愿填报指导，面向大学生的职业规划、就业创业指导和面向职场人的职业发展规划等方面。这些机构提供的生涯教育相关服务主要涵盖以下六个方面。

第一，职业咨询。职业生涯指导机构可以为个人提供职业咨询和指导，通过面对面交流、问卷调查和测试等方式，帮助个人了解自己的兴趣、能力、价值观和事业目标，以及与职业选择相关的因素。

第二，职业测评和评估。职业生涯指导机构可以运用各种职业测评工具和评估方法，对个人进行评估和分析，以了解其适合的职业领域和发展方向。这有助于个人准确地了解自身的潜力和优势,为职业决策提供参考。

第三,职业规划和发展。职业生涯指导机构可以根据个人的兴趣、能力和目标,为其确定个性化的职业规划和发展路线图;提供相关的职业信息、学习和培训建议,帮助个人实现职业目标并不断成长。

第四,就业准备和技能培训。职业生涯指导机构可以为求职者提供针对就业准备的指导和培训,如简历撰写、面试技巧、职业素养等。这有助于个人更好地应对就业市场的挑战,并提升自身在求职过程中的竞争力。

第五,求职资源和网络支持。职业生涯指导机构可以为个人提供求职信息、招聘机会和行业联系,帮助个人拓展职业网络,并与潜在雇主建立联系。这些机构通常与企业、学校和其他职业服务机构建立合作关系,能提供广泛的资源和支持。

第六,职业发展培训和课程。职业生涯指导机构还可以通过提供各种职业发展培训和课程,帮助个人提升职业技能、领导能力和管理能力。这些培训包括沟通技巧、团队合作、领导力发展、创新思维等方面的内容。

二、相关企业

企业是生涯教育各主体中的重要一环。作为用人单位,企业参与生涯教育可以培养和发掘具备所需技能和素质的人才。通过参与学校的生涯教育项目,企业可以与学生建立联系,并了解他们的潜力和能力,从而更好地选拔、吸引和留住优秀的人才。此外,参与生涯教育是企业实现社会责任的一种方式,彰显了企业的社会责任感,有利于提升企业的美誉度。

对于学生而言，参与由企业主导的生涯教育可以实时了解用人需求，获取对就业市场需求的直接反馈。到企业进行实习实践，在真实的工作环境中锻炼和应用所学知识，并获得专业职场人士的职业指导。

对于学校而言，企业参与生涯教育可以建立起持久的校企合作关系。这种合作关系有助于促进双方的互利共赢，为学生提供更多的实践机会、就业渠道和职业发展支持。企业的参与有助于加强学校与行业之间的对接，使教育内容贴近实际需求。通过了解企业的期望和要求，学校可以调整课程设置和教学方法，以培养符合行业要求的毕业生。

目前企业参与生涯教育的方式主要有以下五种。

第一，开设职业讲座和工作坊。组织职业讲座、工作坊或行业研讨会，邀请企业内部专家和员工分享职业经验和行业动态。这可以帮助学生了解职业发展的现状和趋势，以及所需的技能和素质。

第二，制订导师计划。将企业员工作为导师，与学生进行配对，并提供职业指导、实际经验分享和行业内部信息。这种一对一的指导和支持可以帮助学生了解职业发展，并建立与企业的联系。

第三，提供职业技能培训。为学生提供职业技能培训，根据实际需求和行业趋势，进行专业技能培训和开设实操课程。这有助于学生掌握所需的就业技能，提升他们在求职过程中的竞争力。

第四，提供实际案例和项目支持。与学校合作开展实际案例研究，让学生直接参与解决和应对企业面临的问题和面对的挑战。通过这种方式，学生可以更好地了解实际的工作情况，并锻炼解决问题的能力。

第五，建立产学研一体的合作模式。利用建立联合实验室、创新基地等形式，将产业界、学术界和科研界紧密结合，搭建校企合作平台。这样学生可以深入了解行业实际运作情况，在此过程中发展实践能力和解决问题能力。

三、社会组织

除了党政机关和各级各类学校，我国还有相当一部分专门致力于生涯教育研究或实践的相关行业协会及组织，在我国生涯教育领域发挥着不可替代的作用。由于我国幅员辽阔且区域发展不平衡，当前仅依靠包括学校在内的公共部门还难以实现优质生涯教育资源的全面普及。企业等部门优先考虑经济利益，参与生涯教育的程度有限。因此，社会组织在实际运行体系中成为国家组织和市场组织的有力补充，从多方面有力推动了我国生涯教育发展。

以中国关心下一代工作委员会教育中心生涯教育专业委员会为例，该委员会是组织团结生涯教育相关的企事业单位、社会团体组织、专家、学者、教育工作者的专业教育学术组织。其与地方教育管理部门、有关学校开展合作，为各地生涯教育的规划制订、生涯教师的培养、生涯教育专项工作任务的完成提供专业化的策划与支持。与之类似，中国教育发展战略学会生涯教育专业委员会于2019年成立，致力于切实推进生涯教育发展战略理论基础和实施方略的研究，以指导生涯教育发展实践。致力于生涯教育研究的学术团体为中国特色生涯教育理论研究与推广实践发挥了重要作用。

　　生涯教育同样是部分公益机构关注的重点领域。例如，针对广大乡村地区生涯教育发展不理想的现状，深圳市途梦教育公益事业发展中心以县域中小学生为主要服务对象，以青少年生涯教育为核心服务内容，为经济欠发达地区县域提供生涯教育一体化综合解决方案，解决乡村地区生涯教育课程、师资力量和教育资源严重短缺的问题，致力于推动乡村地区生涯教育水平的整体提升。

第九章　中国特色生涯教育体系的构建策略

构建中国特色生涯教育体系，首先要将生涯教育与思想政治教育有机融合，建立生涯教育的价值体系；其次要逐步完善各方力量共同参与的生涯教育支持体系；再次要创新生涯教育课程和活动体系；最后要加强对生涯教育的监管评估。

第一节　中国特色生涯教育的价值体系

构建以立德树人为目标、以社会主义核心价值观为引领的中国特色生涯教育的价值体系，必须将生涯教育与思想政治教育有机融合，提升受教育者的职业道德，尤其是敬业精神，让其自觉将个人生涯发展融入中国式现代化建设。

一、以立德树人为目标

立德树人是教育的根本任务。习近平总书记强调："要把立德树人的成效作为检验学校一切工作的根本标准，真正做到以文化人、以德育人，不断提高学生思想水平、政治觉悟、道德品质、文化素养，做到明大德、守公德、严私德。"[①]习近平总书记关于立德树人根本任务的重要论述，不仅为我国教育人才培养指明了方向，也指明了中国特色生涯教育体系的目标价值导向。

立德树人的"德"，是"大德、公德、私德"的总称，包括理想信念、道德品质、法治素养三个方面。

第一，中国特色生涯教育要培育学生坚定的马克思主义信仰、共产主义远大理想、中国特色社会主义共同理想。利用生涯教育，引导学生把自己的理想同祖国的前途、把自己的人生同中华民族的命运紧密联系在一起，将个人职业选择与乡村振兴等国家重大发展战略相结合，把个人的理想追求融入国家和民族的事业。

第二，中国特色生涯教育要提升学生的品德修养，尤其是培养以集体主义为原则的社会主义道德。职业发展离不开职业道德，职业道德反映了一定社会对从事职业的人们的道德要求，是社会道德在职业活动中的具体体现，是社会道德在行业领域的具体化。《中共中央关于加强社会主义精神文明建设若干重要问题的决议》规定了社会主义职业道德的五项基本规范，即爱岗敬业、诚实守信、办事公道、服务群众、奉献社会。中国特色生涯教育就要引导学生认同并遵守职业道德规范，坚持个人利益与国家、人民利益的统一。

第三，中国特色生涯教育要培育学生的法律素养，使其在求职、就业过程中正确处理有关职业的法律关系，做

---

① 习近平：《在北京大学师生座谈会上的讲话》，7页，北京，人民出版社，2018。

到知法守法、懂法用法。开展就业法治教育，一方面有助于学生在毕业求职过程中提升自我保护能力，在必要时能依法维护自身的合法权益，保证就业市场公正有序；另一方面有助于为学生职业生涯发展保驾护航，避免因法律意识淡薄在工作期间误入歧途，从而净化职场环境。

生涯教育通过"立德"，要把学生培养成"大写的人"。不同于西方生涯教育中的个人本位传统，在中国这样的社会主义国家，生涯教育在价值层面上强调集体主义，鼓励学生胸怀"国之大者"，将"小我"融入"大我"，将学生培养成德智体美劳全面发展的社会主义建设者和接班人。

二、以社会主义核心价值观为引领

核心价值观是一个国家、一个民族处于价值多样化进程中的价值共识或社会主流价值观。正如习近平总书记指出，核心价值观是一个民族赖以维系的精神纽带，是一个国家共同的思想道德基础。我国作为社会主义国家，社会主义核心价值观就是当代中国的价值理想和价值共识，是统摄社会多元价值观的主流价值理念和规范。

党的十八大报告提出"倡导富强、民主、文明、和谐，倡导自由、平等、公正、法治，倡导爱国、敬业、诚信、友善，积极培育和践行社会主义核心价值观"三个倡导，分别从国家层面、社会层面和个人层面高度凝练和概括了社会主义核心价值观的基本内容。党的二十大报告强调用社会主义核心价值观铸魂育人，完善思想政治工作体系，推进大中小学思想政治教育一体化建设。可见，社会主义核心价值观对于中国特色生涯教育发挥着重要的思想引领作用。社会主义核心价值观是国家、社会和个人三方面的统一，其对生涯教育的指导可以分为三个层次。

首先，富强、民主、文明、和谐是中国特色生涯教育国家层面的价值目标。党的十三大把建设"富强、民主、文明"的社会主义现代化国家作为我国现代化建设的总目标，党的十六届六中全会又将"和谐"纳入总目标，这是千百年来中华民族的共同理想和不懈追求。也只有实现国家在经济、政治、文化、社会乃至生态领域的发展进步，才能为个人的职业生涯发展提供广阔前景。个人也应将自己的发展融入国家和民族的复兴伟业，投身建设中国特色社会主义的伟大实践。

其次，自由、平等、公正、法治是中国特色生涯教育社会层面的价值取向。其作为整个社会层面的道德规范和行为准则，为职业生涯发展提供了良好的外部环境和公平的竞争机制。个人发展与社会发展同样密不可分。推动建设自由、平等、公正、法治的社会，也是个人在谋求职业生涯发展过程中应当坚守的责任。

最后，爱国、敬业、诚信、友善是中国特色生涯教育个人层面的价值准则。其作为每个公民的价值准则，也是中国特色生涯教育对学生的要求和保障学生发展的基本人才素质。爱国精神赋予个人坚定的理想信念，能有效激发个人寻求生涯发展的驱动力。敬业作为一种职业精神，激励人们脚踏实地地干一行、爱一行，敢于开拓创新，为个人的职业生涯发展提供强有力的保障。诚信是为人处世的底线，更是个人职业发展过程中的行为基础。友善要求个人在寻求职业发展过程中与人为善、不断提升团结协作能力。

三、与思想政治教育有机融合

中国特色生涯教育与思想政治教育具有内在共通性。高校思想政治教育是以理想信念教育为核心内容的世界观、人生观、价值观和道德观教育。中国特色生涯教育是在规划生涯教育中帮助学生坚定社会主义信念，树立正确的世界观、人生观和价值观。可见，中国特色生涯教育本身就渗透着思想政治教育的价值理念和目标方向，二者的有机融合能够相互促进，共同提升生涯教育和思想政治教育的质量与水平，培养高素质人才。生涯教育对于个体的成长成才具有重要意义，将其与思想政治教育相结合，则将其放置于中华民族伟大复兴战略全局和世界百年未有之大变局的宏大视野下，成为为党育人、为国育才的重要教育环节。

建设中国特色生涯教育体系，需要在开展生涯教育的过程中融入思想政治教育，切实发挥思想政治教育在学生职业生涯选择和发展过程中的正向引导与激励作用。对此，首先，要在生涯教育过程中强调德育，将思想政治教育中的核心价值观和道德规范融入生涯教育。培养学生的道德品质和职业操守，引导他们在职业发展过程中始终坚持正确的价值观。其次，要关联职业选择与社会责任。生涯教育强调学生对于社会的责任和影响力。让学生认识到自己所从事的职业对社会的意义与影响，并培养他们承担社会责任和做出正面贡献的意识，让学生自觉将自身前途命运与国家民族前途命运紧密联系在一起。最后，要注重以人为本，根据学生的实际情况开展教育，促进其全面发展。生涯教育可以引导学生客观认识自身的兴趣、能力、价值观，并在此基础上根据职业发展规划提升所需技能水平与思想道德素质，助力其实现职业理想，在适合的岗位上发挥其才干以奉献社会。

总之，要搭建生涯教育与思想政治教育有机融合的机制，将生涯教育融入"大思政课"格局。挖掘生涯教育的育人内涵，探索建立以习近平新时代中国特色社会主义思想为指导、以社会主义核心价值观为引领的生涯教育体系，让青少年在接受生涯教育的过程中"扣好人生的第一粒扣子"，发挥中国特色生涯教育的价值观引领作用，落实"立德树人"这一教育根本任务。

第二节　中国特色生涯教育的支持体系

构建中国特色生涯教育体系，首先要有来自党政机关的支持，尤其是要加快完善中央和地方两级的生涯教育政策支持体系；其次要充分开发整合各类生涯教育资源，搭建"校内＋校外"的生涯教育资源平台；再次要重视生涯教育教师队伍建设，更好发挥导师的作用；最后要加强关于生涯教育的基础理论研究，创新本土化的、具有中国特色的生涯教育理论用于指导实践。

一、落实党政机关的政策支持

来自党政机关的行政力量支持是推动中国特色生涯教育得以有效开展的关键因素。其中重要的一点是政府机构会制定生涯教育相关政策文件，明确生涯教育的目标、原则、内容和实施方式，在宏观层面为生涯教育提供基本遵循和政策基础。

近年来，生涯教育的重要性越来越得到党和政府的关注，国家和地方纷纷出台相关政策推动生涯教育发展。2010年，《国家中长期教育改革和发展规划纲要（2010—2020年）》提出，建立学生发展指导制度，加强对学生的理想、心理、学业等多方面指导。这一理念与生涯教育不谋而合。2014年，《教育部关于普通高中学业水平考试的实施意见》明确提出要加强学生生涯发展指导。2021年，中共中央办公厅、国务院办公厅印发的《关于推动现代职业教育高质量发展的意见》提到加强各学段普通教育与职业教育渗透融通，在普通中小学实施职业启蒙教育，培养掌握技能的兴趣爱好和职业生涯规划的意识能力。在地方层面，2012年，青岛、上海等地就印发了《青岛市学生生涯规划指导实验实施方案》《上海市学生职业（生涯）发展教育"十二五"行动计划》等专门针对生涯教育的政策文件。随后，全国其他地方也相继出台了相关政策文件，支持开展针对学生尤其是高中生的生涯教育。在相关政策的指导下，政府的相关资源会逐步向生涯教育领域倾斜，投入资金完善生涯教育配套设施、储备生涯教师等人力资源、开发专业生涯课程。

建设中国特色生涯教育体系，要搭建并完善国家和地方层面的政策支持体系。制定国家层面统一的学生生涯教育实施纲要或者与之类似的制度性文件，并出台相关指导意见，督促各地研究落实。统筹教育、财政、编制等部门落实生涯教育的各项制度安排，加大投入力度，提供专门的制度保障和经费支持。由党政机关，尤其是教育行政部门牵线搭桥，大力支持各级各类学校开展生涯教育，并出台配套政策引导企业、公益组织、社区以及相关个人共同参与生涯教育。

二、搭建生涯教育资源平台

当前中国特色生涯教育面临着课程资源匮乏、课程形式单一的问题。为有效开展生涯教育，必须整合开发各类资源，搭建"校内＋校外"的生涯教育资源平台，以更好地满足学生生涯教育所需。

在校内，除了开设专门的生涯教育课程，还必须让课程"活"起来，通过开展职场模拟、生涯辩论赛、生涯社团等活动，调动校内各种资源丰富课程形式。同时，可以将生涯教育与心理健康课、劳动教育课相结合。例如，在心理课上，通过心理测试帮助学生探索自己的人格特质，进而明确自己的职业兴趣或自己擅长的工作方向；在劳动课上，将劳动技能学习与实际工作场景相结合，让学生能了解到不同职业所需要的知识技能。此外，也可以在学科课程中渗透有关生涯教育的理念或知识，尤其是在思想政治课中融入职业道德等方面的生涯教育理念。

中国特色生涯教育需要家校社协同育人，搭建生涯教育资源平台也需要家长和社会两方与学校联动。家长一方面应在家庭教育中向其孩子渗透生涯理念，帮助孩子尽早树立生涯意识；另一方面可以充分利用自己所在行业的资源，通过学校搭建的平台或契机，向孩子所在班级或学校的学生分享职业经验与体会。还可以充分利用既有的城市规划馆、博物馆、科技馆等公共场所，引导高校、职教中心、高科技产业园等在寒暑假期间对外开放；利用校外研学、社会实践、参观游览等形式让学生拥有更多的学习体验机会，形成全社会共同支持生涯教育的格局。

三、加快师资队伍建设

中国特色生涯教育是一项专业性的工作。在教育教学过程中，教师发挥着不可替代的作用。一位合格的生涯教育教师除了要掌握生涯教育领域专业知识和技能，还要具备教育学、心理学、管理学、法学、社会学等多学科知识，时刻关注并了解当前不同职业的岗位职责、用人要求、发展前景，才能为学生提供专业的职业生涯辅导。但目前我国面临着生涯教育师资短缺的现状，尤其缺乏专职生涯教育教师。

要实现中国特色生涯教育高质量发展，必须在各级各类学校配备专职生涯教育教师。建立生涯教育教师培训制度，对他们进行系统、专业的生涯教育培训。想要从根源上解决生涯教育教师的短缺问题，还要从供给侧加强生涯教育教师的培养与培训，可以将生涯教育列为教育学、心理学等下设的二级学科或者专业，鼓励和引导师范院校加强生涯教育教师培养，在教育硕士培养方案中增加生涯教育教学内容或者相关培养领域，加强生涯教育教师队伍的培养。

四、加强基础理论研究

生涯教育起源于 20 世纪初的美国，相关理论和实践在西方发达国家发展较为完善。一方面，我国目前在生涯教育实践层面所依据的理论和方法多来源于西方，缺乏我国本土化的理论支撑；另一方面，我国近代生涯教育发展缓慢，直到20世纪80年代末伴随着经济体制改革的深入，以及随之而来的就业制度改革才逐渐被重视，相关实践经验不足且缺乏系统性总结。

目前国内的相关研究多集中在以下三个方面。第一，生涯教育的概念内涵。李金碧指出，从广义上理解，学校的一切课程与教育活动都属于生涯教育；从狭义上理解，生涯教育是为帮助学生进行生涯设计、确立生涯目标、选择职业生涯角色、寻求最佳生涯发展途径的专门性课程与活动，其主要涉及学习如何生活、如何学习、如何谋生和如何爱这四方面内容。① 南海和薛勇民在对国内外不同观点进行分析后对生涯教育做出如下定义：广义上指社会个体在其整个生命活动的时空中所接受的、以认识自我与职业、规划未来生涯为主要内容的一切教育活动；狭义上主要指社会个体在其某一段生命活动的时空里所接受的以认识自我与职业、规划未来生涯为核心内容的一切教育活动，或以认识自我与非职业认知—规划为核心内容的教育（培训）活动。②《中国教育大百科全书》第四卷指出，生涯教育源自学校教育改革的需要，主要由学校协调各方面的力量实施，以各阶段在校学生为工作对象，侧重学校对在校学生的教

---

① 李金碧：《中小学生生涯发展辅导构想》，载《教育理论与实践》，2005(8)。
② 南海、薛勇民：《什么是"生涯教育"——对"生涯教育"概念的认知》，载《中国职业技术教育》，2007(3)。

育。① 生涯教育不是某阶段教育的任务，而是有目的、有计划、有组织地贯穿于教育各个学段的系统、持续、动态发展的综合性教育过程。

第二，基础教育阶段学生开展生涯教育的研究。对于小学生涯教育，魏泽等人提出从小对学生进行有意识的生涯教育对于学生认识自我、发展自我有重要启蒙作用，但目前我国小学生涯教育存在实施意义认识不清、未形成体系、缺乏专业师资队伍等问题，为此需要转变观念、建立系统生涯教育体系、加强师资队伍建设。② 梁立国从创设生涯教育环境、设置职业启蒙教育课程和构建职业了解为主的基于社会实践和主题活动的生涯教育课程三个方面提出开展小学生生涯教育的对策。③

对于中学阶段的生涯教育，在新高考改革背景下，高中生涯教育成为目前的研究热点之一。孙宏艳根据中美日韩四国高中生毕业去向及职业生涯规划教育比较研究的调查结果，指出我国高中生职业生涯规划教育与其他三国相比还存在不足，我国应尽快将职业生涯规划教育端口移至义务教育阶段，使中小学生能尽早接受职业启蒙教育，更科学地规划人生。④ 顾雪英和魏善春将普通高中生涯教育置于当下我国高校招生考试制度改革的时代背景中，认为无

---

① 顾明远：《中国教育大百科全书》第四卷，2318～2319 页，上海，上海教育出版社，2012。

② 魏泽、万正维、钟基玉：《中国大陆地区小学生涯教育现状分析与对策建议》，载《教育与教学研究》，2013(12)。

③ 梁立国：《开展小学生职业生涯规划教育的策略》，《中国教育学刊》，2023(S1)。

④ 孙宏艳：《我国职业生涯规划教育应端口前移——基于中美日韩高中生职业生涯规划教育的研究》，载《教育科学研究》，2013(8)。

论正视当前时代发展特点及高中生的特殊性需求,还是站在生涯理论与实践发展的历史与国际的交汇点,普通高中生涯教育都具有极其丰富的现实意义;提出普通高中生涯教育应秉持的原则和普通高中生涯教育内容涉及,力图构建适合我国高中生的生涯发展促进体系。① 欧健等人基于对我国中学生生涯课程建构的审视,认为当前存在中学生涯教育价值被轻视,注重形式、轻视实质,且学校生涯教育制度失范的现象,导致中学生涯教育课程被边缘化、狭窄化和建构主体单薄化。他们以西南大学附属中学为例,基于综合实践活动建构中学生涯教育课程。②

第三,针对高等教育阶段的生涯教育研究。大学生生涯教育一直以来都是学界研究的重点和热点,大多数学者从当前大学生生涯教育问题对策、构建生涯教育体系、国内外生涯教育比较研究及经验总结三方面展开。例如,李晓波等人对大学生生涯教育现状展开调查研究,发现大学生职业生涯教育具有差异性、不平衡性,其受两方面的影响,自我认知和环境变量与个体职业生涯的探索相互作用。③ 房欲飞同样基于实证调查,发现大学生生涯教育存在道德教育不力、教育过程缺乏实践性、实效性较差等问题,并提出加强职业素养教育、教育设计系统化、注重实践环

---

① 顾雪英、魏善春:《新高考背景下普通高中生涯教育:现实意义、价值诉求与体系建构》,载《江苏高教》,2019(6)。
② 欧健、赵渊博、刘建勇等:《基于综合实践活动中学生涯教育课程建构的逻辑向度》,载《当代教育论坛》,2021(3)。
③ 李晓波、赵娜、戴明锋等:《对大学生职业生涯教育现状的调查研究》,载《高校教育管理》,2010(3)。

节等对策建议。① 针对当前存在的大学生就业难问题，陈冲提出要构建审核新的人才观的国家政府支持、社会企业参与、高校主导、大学生为主体的生涯教育体系。② 张文指出目前大学生生涯教育课程体系存在课程价值取向偏离、课程目标定位偏颇、课程内容安排偏窄以及课程活动方式异化等现象，并提出建立"发展为本"的课程观念、坚持"可持续发展"的课程定位、整合创新课程内容以及实施全程全面式课程教学的创新思路。③ 刘慧等人从生涯发展期、分类指导、实现路径、保障体系四个角度出发，提出"四四六"生涯教育体系，为研究型大学开展全程化、精准化生涯教育提供参考。④ 赵娜和李晓波总结美国的"生计教育"、德国的普遍性职业教育、新世纪日本的生涯教育的开展经验，提出改进我国高校就业指导工作的基本思路和方法。⑤ 王占仁以英国里丁大学为个案，借鉴英国高校在生涯教育和辅导的教育理念、运行方式、组织模式方面的成熟做法，实现我国高校生涯教育转变。⑥

对于已有研究现状，迫切需要在高校或教育研究部门

---

① 房欲飞：《大学生职业生涯教育存在的问题和对策建议——基于实证调研的分析》，载《现代大学教育》，2013(4)。
② 陈冲：《大学生就业难背景下高校职业生涯教育探析》，载《教育发展研究》，2011(Z1)。
③ 张文：《大学生职业生涯教育课程体系改革与创新》，载《大学教育科学》，2017(1)。
④ 刘慧、李晨希、高艳：《研究型大学精准化生涯教育体系构建》，载《江苏高教》，2019(1)。
⑤ 赵娜、李晓波：《国外职业生涯教育发展特色对我国高校就业指导的启示》，载《中国成人教育》，2011(1)。
⑥ 王占仁：《英国高校职业生涯教育之启示——以英国里丁大学为个案》，载《教育研究》，2012(7)。

开展生涯教育相关课题研究，为生涯教育提供理论支持。一方面要重视生涯教育相关实证调查研究。《关于在全党大兴调查研究的工作方案》指出："调查研究是谋事之基、成事之道，没有调查就没有发言权，没有调查就没有决策权……调查研究是获得真知灼见的源头活水，是做好工作的基本功。"[①]要想建设中国特色生涯教育体系，必须了解我国生涯教育发展现状及其不足之处，这有赖于第一手的调研资料提供支撑。因此，在定量研究方面，有必要开展全国性的大规模调查和追踪调查；在定性研究方面，需要选取学生代表、生涯教育教师、领域内专家学者、生涯教育领域资深从业者等典型对象进行深度访谈。

另外，要在实证研究和前期各地已开展的生涯教育实践的基础上深入中国特色生涯教育理论研究，为中国特色生涯教育提供本土化的理论支撑。尤其是需要结合我国国情，从中华优秀传统文化和社会主义先进文化中汲取养分，创新我国本土化的生涯教育理论，丰富发展中国特色生涯教育理论体系。

第三节　中国特色生涯教育的课程与活动体系

构建中国特色生涯教育体系，一方面要逐步建立并完善大中小学一体化的生涯教育课程体系，针对不同学段学生开展循序渐进、螺旋上升的生涯教育；另一方面要创新

---

① 《中办印发〈关于在全党大兴调查研究的工作方案〉》，2～3页，北京，人民出版社，2023。

以技能培训和实习为主的生涯教育活动体系，在实践中开展生涯教育。此外，还可以鼓励家庭、企业、社区等多方力量共同参与，探索生涯教育新形式。

一、构建大中小学一体化的生涯教育课程体系

对于建立什么样的生涯教育课程体系，当前的大中小学思政课一体化提供了有益参考。党的十八大以来，党和政府高度重视思政课建设，多次强调构建大中小学一体化思政课的重要性，并指导大中小学思政课一体化工作的开展。2019年，习近平总书记在学校思想政治理论课教师座谈会上强调："在大中小学循序渐进、螺旋上升地开设思想政治理论课非常必要，是培养一代又一代社会主义建设者和接班人的重要保障。"[①]为实现生涯教育与思想政治教育有机融合，建设大中小学一体化的生涯教育课程体系势在必行。

要对我国小学、初中、高中、大学阶段的生涯教育开展现状进行梳理总结，分析当前我国生涯教育取得的经验成果、存在的问题及成因，在此基础上根据我国青少年的身心发展规律，探索以课程体系一体化为主的中国特色大中小学生涯教育一体化路径，从而为针对不同学段学生开展循序渐进、螺旋上升的生涯教育提供参考借鉴。尤其是要分阶段明确生涯教育的内容和重点，既凸显教育的针对性与层次性，又兼顾各教育阶段的有效衔接；构建以学生发展为中心，以学生自主学习、自主管理为路径，涵盖不同学段、不同年级，有不同侧重点的生涯教育体系。

[①] 《习近平谈治国理政》第三卷，329页，北京，外文出版社，2020。

二、开展职业技能培训与实习实践

中国特色生涯教育注重实践性，职业技能培训与实习实践是生涯教育实践中的重要一环，也是开展生涯教育的重要手段。通过接受职业技能培训，学生在走入职场前就可以获得从事某一职业所需的专业技能和知识储备，提高自己未来在就业市场中的竞争力。实习实践为学生提供了与真实工作环境接触的机会，让他们能够将所学知识用于实践，并了解具体行业的工作要求和职责。同时，学生通过实习实践可以与专业人士紧密合作，学习专业技能、工作流程和团队合作等方面的经验，并与业内人士建立联系，为职业发展助力。

因此，中国特色生涯教育为导向的职业技能培训与实习实践应从以下三个方面入手，提升生涯教育的育人实效。其一，为学生提供实践机会，增进对行业前沿发展动态的了解。职业技能培训和实习实践必须能够与真实工作环境接触，紧密结合实际工作需求。通过参与一线实习实践，学生能掌握业内最新的技术和方法，将所学知识用于解决实际工作中的问题，同时深入了解该职业的岗位职责、发展前景及其与自身的匹配度，从而对自己未来是否适合从事该职业有着清晰的认识。其二，帮助学生搭建职业网络与扩展行业资源，助力其未来职业发展。职业技能培训和实习实践提供了一个重要的社交平台，让学生可以与导师、同事和行业专业人士建立联系，并相互学习和交流。这种联系为学生提供了指导、建议和支持，使他们更好地了解行业动态和求职信息。此外，学生还可以通过参加行业活动、社交聚会和专业组织等机会拓展职业网络，为之后建立长久的职场关系打下基础。其三，切实培养学生的职业技能，促进学生的未来职业发展。职业技能培训与实习实践不能将学生视为廉价劳动力，而应该以促进学生发展为本，促进其未来职业发展和终身发展。在实习、培训过程中，学生所学的不仅是当前从事该职业所需的专业技能和学术知识，还有对自我的探索和各方面能力素质的提升。通过积累实践经验，学生可以明确评估自己在职业选择上的优势特长、兴趣爱好和价值观，确定自己的职业目标和方向，并制订明确的发展计划，探索自己的职业发展道路，提升自己在就业市场中的竞争力。

三、探索多元主体参与的教育形式

构建中国特色生涯教育职业体系需要来自党和政府的领导支持，需要发挥学校的主导作用，还需要家庭、企业、社区等多方的共同参与。对于生涯教育课程来说，同样需要多元主体参与，以实现课程内容、形式、教学方法等方面的创新。

首先，需要学校同生涯教育各主体建立合作关系。与政府部门、学校、企业、行业协会、职业培训机构和社区组织等开展生涯教育合作，共建生涯教育基地，让各方充分发挥自身在生涯教育方面的优势，提供资源、经验、专业知识、实习实践机会等，为生涯教育提供全方位的支持和指导。例如，政府部门可以提供就业市场状况和政策信息；企业可以分享最新的职业需求和行业趋势信息；学校和培训机构可以提供专业课程和教学资源。

其次，需要联合规划和设计课程方案，并提供多样化的课外实践机会。学校教师、行业专家、企业代表和职业咨询师等多个主体共同参与课程规划设计过程，能够确保课程内容符合现实的需求和学生的期望。可以提供各领域的专业知识和实践经验，确保课程贴近实际工作环境，并满足不同行业和职位的需求。同时，课程设计应该具有灵活性，根据时代发展随时更新调整，以适应不断变化的职业发展趋势。开展校企合作、产教融合，为学生提供多样化的实践机会，如实习、项目合作、就业见习等，这也是生涯教育课外实践的有力抓手。通过与实际工作场景的接触，学生能够了解职业要求和挑战，形成实践能力和职场素养。多元主体参与可以提供不同行业的实践机会，帮助学生更好地了解自己的兴趣和潜力，并确定未来职业发展的方向。

最后，需要充分利用信息技术与互联网，搭建多方参与的交流平台。当代信息技术的飞速发展把全球建构成一个巨型互联网络，借用网络在线平台和社交媒体，可以支持多元主体打破地域限制参与生涯教育。以学校为主体搭建交流合作平台，邀请行业专家、职业咨询师、校友等主体以"线上＋线下"的形式参与学生生涯发展规划与指导，提供深入的职业洞察和个性化的建议。这种互动式的课程形式可以方便学生获取最新的行业信息和就业机会。还可以组织职业讲座、行业论坛、就业招聘会等活动，促进不同主体之间的深入交流，为学生提供广阔的视野和丰富的资源。

第四节　中国特色生涯教育的评估与监管体系

建立完善中国特色生涯教育质量评估体系，可以更好发挥考核评价的导向作用，以评促建。在此基础上，还要加强对生涯教育开展情况的监督监管，两方发力促进中国特色生涯教育的良性发展。

一、建立生涯教育质量评估体系

教育评价事关教育发展方向。有什么样的评价指挥棒，就有什么样的办学导向。2020年，中共中央、国务院印发《深化新时代教育评价改革总体方案》，对于学校、教师、学生、用人的评价标准提出新的要求，以推动构建服务全民终身学习的教育体系，努力培养担当民族复兴大任的时代新人，培养德智体美劳全面发展的社会主义建设者和接班人。生涯教育作为我国教育工作的重要组成部分，在新时期成为学生全面发展和终身发展以及深化教育综合改革的重要举措。

为保证中国特色生涯教育评估体系能够发挥正确的导向作用，重要的是合理设置评估标准。评估标准设置应遵循"以人为本"的核心思路，坚持以学生发展为中心。在具体的操作层面，应坚持科学性与可行性相统一、定性与定量相统一、静态与动态相统一的原则。

（一）坚持科学性与可行性相统一的原则

为保证生涯教育质量评估的科学价值，在指标设计上要以马克思主义为指导，同时将习近平总书记关于教育的重要论述中有关生涯教育的工作要求融入其中。在此基础上保证指标能够科学、全面反映当前生涯教育的基本情况。从理论和实践两方面来看，对生涯教育进行指标衡量都是可以执行、操作的。这是因为生涯教育的构成要素、体系、开展情况都是客观存在的，能够被量化。数学科学、计算机科学的不断发展，尤其是各种定量数据分析软件的出现更是为评估提供了技术支持。

(二) 坚持定性与定量相统一的原则

对生涯教育的定性评估，是对其整体和性质的分析，以判定其工作成效；对生涯教育的定量评估，是以数据形式相对精准把控生涯教育过程中的"量"及成效。因此在划定评估指标时，不仅要考虑到指标的通用性和可行性，使其具有数量意义上的可比性，还要考虑学生满意度、生涯理念确立、职业素养提升等主观层面的定性考核指标。

(三) 坚持静态与动态相统一的原则

对生涯教育质量的评估，一方面要对一定时间、空间内的生涯教育现状进行考量，即静态的评估；另一方面由于生涯教育是一个动态的过程，还要对一定时间、空间序列上的生涯教育变动过程进行测量，即动态的评估。

在使用科学的评估标准的基础上，还要选择恰当的评估方法，遵循科学的评估程序，建立健全评估反馈机制，以评促改。定期评估生涯教育的效果，并根据反馈和评估结果进行改进。持续评估和改进，确保生涯教育能实现既定育人目标。

二、加强生涯教育的监督管理

建设中国特色生涯教育体系，必须搭建对生涯教育强有力的监管体系。监管可以确保学生在接受生涯教育过程中的权益得到保护，防止不当引导、欺诈和虚假宣传等问题的发生。监管有助于提高生涯教育的质量和效果，及时发现教育过程中的问题并督促整改，确保教育内容和方法的科学性和合理性，推动生涯教育持续创新发展。同时，这一举措加强了生涯教育的社会认可度和信任度，惩处不良机构和从业者，维护整个生涯教育行业的信誉。

在中国特色生涯教育监管体系中，政府尤其是教育行政部门应起到主导作用。因为政府部门负责制定生涯教育相关政策、法规和标准，并承担着管理和监督生涯教育的主要责任。政府部门可以建立专门的生涯教育管理机构，负责监督教育机构、培训机构和就业服务机构的运作和质量。这就要求生涯教育监督部门具备诊断和监控学校生涯教育实施过程的能力，这样才能及时发现并纠正生涯教育实施过程中的一些不合理做法。政府部门还可以通过对生涯教育财政预算及资金使用情况的监管，结合校情和实际情况给出合理化的政策建议，从而促进生涯教育在学校的良性发展。

对中国特色生涯教育质量的评估与认证，可以交由独立的第三方评估机构来执行。在前期已经确立的生涯教育质量评估和认证体系的基础上，对学校等单位的生涯教育主题、生涯教育课程和项目进行评估和认证，并将结果予以公示。对于评估质量较高的单位应由政府机构予以表彰激励，对于评价结果欠佳的单位应视情况要求其整改或予以相应扶持。

此外，社会舆论也能起到一定的监督作用。应鼓励社会各界对中国特色生涯教育进行监督和评价，通过媒体、社交网络和公众参与等方式，促进社会舆论对教育机构和从业者的监督和反馈。这也有助于增加透明度和公开性，推动教育机构改进和提升生涯教育的质量。

后　记

　　生涯教育作为连接个体梦想与社会需求的桥梁，其重要性在现代社会中日益凸显。生涯教育旨在帮助个体认识自我、理解职业世界、做出明智的职业决策，并培养个体终身学习和自我发展的能力。它不仅是教育体系的重要组成部分，还是个体成长和社会发展的关键环节。新时代的中国随着经济的快速发展和社会的多元化变革，个体职业规划与生涯发展的需求越发迫切。

　　生涯教育一词源自国外，但生涯教育相关的内容中国自古有之。中国特色生涯教育研究需要将国外与国内的研究有机结合起来。我们从探讨生涯教育的学理性基础入手，系统分析了心理学、教育学和社会学等相关学科的理论支撑。国外的相关研究如心理学中的自我认知理论、职业兴趣理论等，为生涯教育提供了理解个体心理特质、职业倾向和职业发展路径的重要视角；教育学中的全面发展理论、终身学习理念等强调生涯教育在促进个体全面发展、培养终身学习能力方面的价值；社会学中的社会结构理论、社会资本理论等揭示了生涯教育与社会环境、职业市场之间的紧密联系。

| 后　记 |

中国特色生涯教育研究需要深入挖掘这些理论在中国具体情境下的创造性应用与创新性发展。为此，我们进行了深入的调研和实证研究。在调研过程中，我们走访了多所学校和机构，与学校管理人员、生涯教育工作者、学生及家长进行了深入的交流。通过问卷调查、访谈和观察等方法，我们收集了大量的第一手资料，对我国生涯教育的现状、问题和挑战有了更为直观和深入的了解。

在实证研究方面，我们选取了一些典型的生涯教育案例进行深入剖析。这些案例涵盖了不同的教育阶段、地域和类型，具有一定的代表性和普遍性。通过对这些案例的分析，我们总结了中国特色生涯教育的一些成功经验和存在的问题，并提出了相应的改进建议。例如，在自我认知方面，课题组发现一些学校通过开设心理课程、开展职业测评等方式，帮助学生更好地认识自我，明确职业目标。但实施过程中也存在测评工具不够科学、指导不够个性化等问题。因此，我们建议学校应进一步完善测评体系，加强个性化指导，以满足不同学生的需求。

在撰写本书时，我们力求做到理论与实践相结合，既阐述生涯教育的基本理论框架，又通过丰富的案例剖析其实施效果与改进空间。我们特别注重挖掘中国特色生涯教育的独特之处，如强调家国情怀、注重实践能力培养等。这些都是中国特色生涯教育的重要组成部分。同时，我们对如何借鉴国际先进经验、推动中国特色生涯教育创新发展提出了自己的见解。

任何研究都不可能尽善尽美。在撰写本书的过程中，我们深刻体会到了生涯教育领域的复杂性和多变性。随着社会的进步和科技的发展，生涯教育的内涵和外延也在不断拓展和深化。因此，本书只能作为中国特色生涯教育研究的一个阶段性成果，未来仍有大量的工作有待进一步深入和完善。

中国特色生涯教育研究历时两年，主要参与人员有全国普通高校毕业生农林行业就业创业指导委员会秘书长郭立群博士，全国普通高校毕业生重点领域就业创业指导委员会委员李莉博士，中国农业大学林嘉硕士、郭蕾硕士、张潇予硕士，中国农业大学马克思主义学院副教授赵少华博士，中国农业大学马克思主义学院刘格菁博士、李洁硕士、刘珂硕士、李丹宁硕士。感谢大家的辛勤劳作与付出让本书最终有机会面世。我们也要向所有在研究过程中给予帮助和支持的人表示衷心的感谢。感谢所有我们咨询过的老师和同行们，他们的学术造诣和严谨态度为本研究树立了榜样；感谢学校为我们提供的宝贵的研究资源和平台；感谢所有接受课题组访谈的生涯教育工作者、学生及家长，他们的真实反馈为我们提供了丰富的第一手资料；还要感谢家人和朋友，他们的理解和支持是我们坚持下去的动力源泉。

本书是我们近年来在中国农业大学开设大学生职业生涯规划课程反复思考的结果。就研究而言，一旦成书，则难免会有不足之处；就问题而言，生涯教育是一个常讲常新的主题，这也激励我们今后开展更多更深入的研究。对于读者和同行，我们衷心希望本书能够为中国特色生涯教育研究与实践提供一定的参考和启示。只要我们共同努力，就一定能够构建出更加符合中国国情、更加贴近个体需求的生涯教育体系，为培养更多具有社会责任感、创新精神和实践能力的优秀人才贡献力量。

最后，愿《中国特色生涯教育研究》能够成为一粒种子，在广袤的学术与实践土壤中生根发芽，茁壮成长，为中国乃至世界的生涯教育事业贡献一份绵薄之力。

中国特色生涯教育研究课题组

2024 年 10 月

图书在版编目(CIP)数据

中国特色生涯教育研究 / 郭立群，赵少华等著.
北京：北京师范大学出版社，2025.9. -- ISBN 978-7-303-31219-1
Ⅰ．D669．2
中国国家版本馆 CIP 数据核字第 2025MN4768 号

出版发行：北京师范大学出版社 https://www.bnupg.com
　　　　　北京市西城区新街口外大街 12-3 号
　　　　　邮政编码：100088
印　　刷：北京盛通数码印刷有限公司
经　　销：全国新华书店
开　　本：710 mm×1000 mm　1/16
印　　张：13.25
字　　数：143 千字
版　　次：2025 年 9 月第 1 版
印　　次：2025 年 9 月第 1 次印刷
定　　价：78.00 元

策划编辑：祁传华　　　责任编辑：孟　浩
美术编辑：焦　丽　　　装帧设计：李尘工作室
责任校对：陈　荟　　　责任印制：赵　龙

版权所有　侵权必究
读者服务电话：010-58806806
如发现印装质量问题，影响阅读，请联系印制管理部：010-58800608